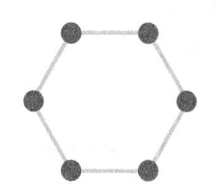

开放共享战略下
石墨烯技术合作创新网络研究

李 娜©著

中国财富出版社有限公司

图书在版编目（CIP）数据

开放共享战略下石墨烯技术合作创新网络研究 / 李娜著. — 北京：中国财富出版社有限公司，2024.2

ISBN 978-7-5047-8129-1

Ⅰ.①开…　Ⅱ.①李…　Ⅲ.①知识经济—研究　Ⅳ.①F062.3

中国国家版本馆CIP数据核字（2024）第048373号

策划编辑	郑晓雯	责任编辑	郑晓雯	版权编辑	李　洋
责任印制	尚立业	责任校对	卓闪闪	责任发行	董　倩

出版发行	中国财富出版社有限公司		
社　　址	北京市丰台区南四环西路188号5区20楼	邮政编码	100070
电　　话	010-52227588 转 2098（发行部）	010-52227588 转 321（总编室）	
	010-52227566（24小时读者服务）	010-52227588 转 305（质检部）	
网　　址	http://www.cfpress.com.cn	排　版	宝蕾元
经　　销	新华书店	印　刷	北京九州迅驰传媒文化有限公司
书　　号	ISBN 978-7-5047-8129-1 / F・3759		
开　　本	710mm×1000mm　1/16	版　次	2025年1月第1版
印　　张	10	印　次	2025年1月第1次印刷
字　　数	163千字	定　价	52.00元

版权所有・侵权必究・印装差错・负责调换

前　言

随着知识经济的不断深化和创新复杂程度的不断提升,基于知识共享的技术合作创新成为越来越多的创新组织应对复杂多变的外部环境的重要措施。技术合作创新网络的形成和完善,一方面,有利于创新组织更加深刻地认识本领域的创新知识和充分利用相关创新资源开展科技活动,提升创新组织竞争优势;另一方面,创新组织可以通过网络获取异质性创新知识,实现对已有知识的补充,促进知识创新,进而提高创新组织在原始创新方面的成功概率。本研究在结合相关理论的基础上,运用多学科综合分析法,研究石墨烯组织合作创新网络对技术创新的影响,主要完成了以下几方面的研究工作。

第一,分析了石墨烯技术创新发展趋势。全球石墨烯技术合作创新网络规模持续增加,不同创新组织间的联系更加频繁。全球石墨烯产业格局基本上形成了以美国、中国、欧盟、英国、韩国和日本等国家或地区为首的"六强争霸"格局。其中,得益于较为完整的科技创新体系和强大的政策、资金支持,美国石墨烯产业链相对更完整;以北京大学、中国科学院、中国石油化工集团、杭州高烯科技有限公司等为代表的中国创新组织,在网络中的位置越来越重要。

第二,梳理了石墨烯技术合作创新机理。本研究将石墨烯技术合作创新机理分为三个主要方面:研发合作机制、知识交流机制和绩效影响机制。研发合作机制主要讨论了石墨烯技术合作创新的动力、彼此间的信任关系和利益分配问题。知识交流机制则基于知识创新过程展开,分为知识获取与识别、知识吸收、知识整合和知识创造。知识创新是网络中的创新组织以资源运用为基础，通过知识吸收和知识整合，将外部资源内部化，最终通过知识重组进行新知识创造。绩效影响机制主要从降低交易成本、获取创新资源和增强知识正外部性三方面展开。在此基础上，梳理了三大机制之间的相互关系，形成了影响机理集成模型。

第三，研究了石墨烯技术合作网络特征演化。全球石墨烯产业技术合作创新由开始的联系多局限于子群内部，逐渐发展到子群之间，特别是我国与欧美发达国家创新组织间的子群密度进一步降低，跨子群、跨区域联系的不断增强，有助于创新资源由核心区向边缘地区溢出。在网络中扮演中间人角色的创新组织加快了全球石墨烯产业技术合作创新网络的形成与发展，但仍有很多高校、企业和科研院所在网络中并未承担中间人角色。中国国家电网、中国石化、京东方科技集团、欧菲光集团和远东集团研发的石墨烯技术专利对 IPC 技术分类的 8 个部均有涉及，且它们之间存在相同的技术关注主题，具有协同研发合作的可能性。

第四，检验了合作网络对技术创新的影响。对石墨烯产业技术创新而言，网络中心性与技术创新之间具有倒 U 形关系，且组织发明人网络发挥正向调节作用。组织发明人网络密度既有利于增强网络中心性带来的正向影响，也减缓了中心性过度带来的负向效应。从生命周期来看，当产业处于萌芽期，网络中心性与技术创新之间并不存在显著的 U 形或倒 U 形关系，且有效规模对技术创新的影响并未通过显著性检验。当产业处于成长期时，网络中心性与技术创新之间呈现倒 U 形关系，即存在网络中心性极大值；而此时结构洞中有效规模增加显著提升了技术创新水平，但二次项系数并未通过显著性水平检验。

本书的出版得到内蒙古自治区直属高校基本科研项目"战略性新兴产业的技术合作创新机制研究——以石墨烯为例"的资助，在此深表谢意。

2024 年 6 月

目 录

第1章 导论

- 1.1 研究背景   001
- 1.2 研究目的和意义   003
- 1.3 研究内容   006
- 1.4 研究方法与技术路线   007
- 1.5 主要创新点   010

第2章 理论基础与文献综述

- 2.1 理论基础   011
- 2.2 文献综述   020
- 2.3 文献述评   033

第3章 石墨烯技术创新发展态势

- 3.1 基于经济数据的全球石墨烯产业发展现状   035
- 3.2 基于专利数据的全球石墨烯产业发展现状   041
- 3.3 基于石墨烯学术文献的多学科融合发展特征分析   050
- 3.4 基于石墨烯申请专利的子领域发展趋势分析   053
- 3.5 本章小结   060

第4章 石墨烯技术合作创新机理研究

- 4.1 研发合作机制   063
- 4.2 知识交流机制   069
- 4.3 绩效影响机制   074
- 4.4 石墨烯技术合作创新机理集成模型   080
- 4.5 本章小结   082

第5章 石墨烯技术合作网络特征演化

5.1	研究方法	083
5.2	基于文献的石墨烯技术创新网络演变分析	085
5.3	基于专利的石墨烯技术创新网络演变分析	089
5.4	基于技术分类相似度的石墨烯创新主体潜在合作机会分析	102
5.5	本章小结	110

第6章 石墨烯技术合作关系对技术创新的网络效应

6.1	理论分析与研究假设	112
6.2	研究设计	117
6.3	合作网络对技术创新的实证分析	120
6.4	本章小结	131

第7章 研究结论与展望

7.1	研究结论	133
7.2	对策建议	135
7.3	未来展望	137

参考文献 138

第1章

导论

1.1 研究背景

从国际来看，世界处于百年未有之大变局，新一轮科技革命和产业变革深入发展。虽然和平发展仍是时代主题，但国际形势的不稳定性和不确定性明显增强，新冠疫情影响广泛、深远，经济全球化遭遇逆流，世界进入动荡变革期；从国内来看，我国由经济高速增长阶段转向高质量发展阶段，经济长期向好的基本形势未发生变化。产业发展，特别是战略性新兴产业的发展是加快我国经济发展方式转变，提升国家整体竞争力的中坚力量。世界主要发达国家均已发展高技术产业加快提升本国经济增长动力，如美国《先进制造业国家战略》、德国《2020高技术战略》、英国《工业2050战略》、法国《未来工业计划》、日本《机器人新战略》、韩国《未来增长动力落实计划》等都是围绕发展新兴产业展开，通过政府顶层设计，推动高技术产业发展，以期通过产业转型升级实现经济长期稳定增长。

产业变革离不开新材料的支撑，作为新材料产业的先导，石墨烯可以广泛应用于航空航天、集成电路等产业，通过推动其他产业发展形成新一轮产业革命。在此背景下，2009年欧洲科学基金会启动欧洲石墨烯（GF）项目，共有19个国家的20个基金资助机构参与该项目的资助；2013年1月，欧盟委员会将石墨烯列为未来新兴技术的支柱材料之一，拿出10亿欧元专项资金资助石墨烯制备与应用研究工作；同年，美国成立石墨烯利益相关者协会

（GSA），旨在促进国际交流合作，支持和鼓励高等院校、科研机构和企业进行技术合作、教育培训和科学交流。目前，美国国家自然科学基金会资助了超过500项有关石墨烯的研究，重点包括石墨烯制备、石墨烯复合材料生产、石墨烯存储器件开发和石墨烯生物传感器等方向；美国国防部与美国国防部高级研究计划局也开展了多项石墨烯研究项目，以开发更轻、更小、更快和更高频的电子器件为核心目的。2017年，我国工业和信息化部正式下发文件《工业和信息化部关于支持筹建石墨烯改性纤维及应用开发产业发展联盟的函》，支持相关企业联合产业链上下游相关单位筹建中国石墨烯改性纤维及应用开发产业发展联盟，以推进石墨烯改性纤维创新发展、扩大石墨烯材料应用为目标，采取"一条龙"模式，构建产业链、完善创新链，强化上下游互动，协同突破制约应用和推广的瓶颈，做大做优做强石墨烯改性纤维及应用开发。

目前，我国石墨的储量、产量均居世界之首。2022年，我国的天然石墨产量约占世界总产量的65.38%，在石墨烯的产业化进程中拥有一定优势。2019年，中国经济信息社有限公司在常州发布的《2018—2019中国石墨烯发展年度报告》显示，我国石墨烯产业前景广阔，产业规模持续增长。据中信证券统计，2018年我国石墨烯产业规模约为111亿元，较2017年增长41亿元，同比增长58%。2018年以来，石墨烯粉体和薄膜的生产规模进一步扩大。到2024年年底，我国石墨烯市场规模将超400亿元，成为全球最大的石墨烯消费国家。

虽然我国石墨烯产业已经具备了相对完整的产业链，企业数量和质量也明显增加，但与发达国家相比，我国石墨烯产业技术水平依旧较低。在专利申请方面，"重量轻质"现象严重，导致专利产业化程度不足，关键技术尚未突破，对高端产业的应用处于技术攻关期，对传统产业应用还没有质的提升。此外，从产业特征来看，石墨烯涉及众多学科，应用领域也较为广泛，使其创新和产业化更复杂。石墨烯技术合作创新有利于通过知识创新网络加快核心技术创新，降低研发风险，最终通过产业化应用提升产业发展质量。

基于上述背景，本研究通过分析全球石墨烯技术发展态势及创新竞合格局，梳理石墨烯子领域发展特征，对该产业的创新发展进行较为全面的概括。在此基础上，对石墨烯技术合作创新的客观动因进行梳理和总结，从降低交易成本、获取创新资源和增强知识外部性三方面对合作网络影响组织创新的机理进行分析，并从知识获取与识别、知识吸收、知识整合和知识创造四方面讨论影响创新过程的不同阶段。然后，运用专利申请量分析石墨烯技术合作创新网络结构演变特征，从整体和个体两个角度梳理网络特征，并对中间人作用进行分析。最后，实证检验石墨烯合作网络对技术创新的影响，为我国以石墨烯为代表的前沿领域产业充分利用网络重组全球创新资源，加快高技术产业创新发展提供参考。

1.2 研究目的和意义

1.2.1 研究目的

随着知识经济的持续深化和全球竞争的不断加剧，技术创新被认为是经济高质量发展的关键动力。知识在科技创新中占据了重要位置，也是企业持续竞争优势的重要来源（Barney，1991）。同时，社会化分工和信息技术的不断发展使创新主体越来越依靠获取外部知识提升其科技创新水平。技术合作已经成为创新主体获取和创造新知识的重要途径，更是其提高创新绩效、财务绩效，推动组织成长和获取长期竞争优势的重要推动力。作为性能优异和结构独特的新材料代表，石墨烯产业近年来取得了长足发展。我国石墨烯产业已经拥有了相对完整的产业链条，产业规模和技术创新水平均取得了较快发展，有望成为我国在颠覆性新材料领域实现弯道超车的典型产业。因此，研究基于社会网络理论的石墨烯技术合作创新机制对我国经济高质量发展具有重要意义。

作为一种高强韧性的新材料，石墨烯已经成为世界主要国家新材料领域的战略发展方向。然而，从石墨烯产业技术特征来看，因其涉及众多学科，且在实践中应用的领域十分广泛，技术开发所需的知识结构较为复杂，研发创新风险较高，单个市场主体或创新组织进行重大技术突破的可能性较低，所以更需要不同创新组织间的合作，提升石墨烯产业创新绩效。首先，本研究在总结国内外石墨烯产业技术合作创新网络相关研究的基础上，对全球石墨烯网络演变及我国创新组织在其中的地位进行深入讨论，明确我国石墨烯产业在全球石墨烯网络中的地位，也有利于未来为我国石墨烯企业寻找潜在合作者提供参考；其次，本研究利用专利数据等相关数据对跨国石墨烯合作路径及合作模型进行梳理，分析我国石墨烯领先企业的技术合作创新机会；然后，通过明晰石墨烯技术合作知识共享机制，探究石墨烯技术合作；最后，对石墨烯技术合作网络特征与创新绩效之间的关系进行实证检验。基于上述研究逻辑，本研究试图回答以下问题。

第一，目前石墨烯全球技术发展态势有何特征？在全球创新竞合格局中，我国石墨烯技术处于何种地位？

第二，基于社会网络理论的石墨烯技术合作网络的创新主体、创新技术有哪些？不同子领域的创新活动空间演变特征是什么？

第三，技术合作创新网络对石墨烯组织创新的影响机理是什么？不同影响机制之间的相互关系是什么？

第四，石墨烯合作网络对技术创新的影响具体效应如何？地理、文化等邻近性是否发挥了调节作用？不同生命周期下的影响效应是否会改变？

1.2.2 研究意义

随着知识经济的不断深化和科技水平的不断提升，包括石墨烯产业在内的高技术产业创新已经越来越成为需要跨地域多组织协同合作的过程。一方面，石墨烯产业创新不确定性和复杂性较高，需要企业、高校等众多创新组织共同参与；另一方面，基于技术合作创新而形成的全球石墨烯产业网络改变了原有的创新组织联系方式，加速石墨烯产业创新体系由等级化、行政化、国界化向网络化转变，通过合作网络对全球产业资源、知识、技术等进行再配置，进而对石墨烯技术合作创新产生重要影响。

1.2.2.1 理论意义

就理论意义而言，本研究在系统梳理国内外相关研究的基础上，深入讨论石墨烯技术合作创新机制，进而分析全球石墨烯产业创新合作模式与路径，并通过建立负二项回归模型讨论技术合作关系对产业创新绩效的影响，有利于推动社会网络理论与技术创新等相关理论的发展。

第一，多角度分析石墨烯产业技术合作创新机制，探讨具体模式，有利于对技术创新的相关概念及其应用范畴进行拓展，在一定程度上拓宽研究边界，有助于丰富和发展技术创新理论。

第二，基于社会网络理论，将网络中心性和结构洞纳入分析框架，探究全球石墨烯产业技术合作创新各网络主体的时空演变特征，并分析不同主体在演变过程中所占据的位置和发挥的作用存在的差异性；同时，进一步讨论我国创新主体在网络中的影响与作用，在一定程度上丰富和扩展了社会网络理论的适用范围和研究内容。

第三，在网络视角下，通过构建计量模型，实证检验因网络位置不同而导致的技术合作创新主体间创新绩效的差异，根据不同行业类别和地区位置分别考察效应差异性，并基于产业发展生命周期进行分时间回归分析。这既是对前文机制分析的验证，也有助于深刻理解石墨烯技术合作创新关系网络对创新绩效的影响。

1.2.2.2 实践意义

就实践价值来说，基于社会网络理论研究石墨烯产业技术合作创新有利于国家在产业前沿领域的战略制定，通过发挥全球石墨烯网络促进创新要素在更大范围内进行配置，提高资源利用效率。此外，通过分析基于合作关系网络属性对全球石墨烯产业技术创新绩效的影响，也可以为我国石墨烯产业创新主体如何利用全球网络资源提供理论依据，促进我国创新主体在全球网络中地位的提升，这对推动我国新材料产业发展甚至整个现代产业体系发展具有重大的现实意义。

第一，能为全球各创新主体，特别是我国创新组织充分利用合作网络优势，合理配置创新要素，依托网络资本加速石墨烯技术创新提供重要参考。

第二，本研究通过构建发明人之间的合作网络分析其对技术创新的影响，有利于创新组织网络和微观发明人网络结合，对创新组织整合创新资源，优化组织结构，进而实现创新能力提升具有指导意义。

第三，将产业生命周期视角纳入分析框架，对不同时期的网络效应分别进行实证检验，有利于创新组织结合自身所处的发展阶段从网络中获益，对创新能力的提升具有重要的实践意义。

1.3 研究内容

本研究以全球石墨烯技术合作创新为主要研究对象，通过引入社会网络理论，分析技术合作创新机制及网络属性对创新的影响，并采用相关计量模型进行实证检验，主要研究内容包括以下四方面。

1.3.1 分析石墨烯技术创新发展趋势

作为极具前景的新材料产业之一，石墨烯在半导体、光伏、航空航天等领域应用广泛。石墨烯技术合作创新网络增强了全球创新组织或个体之间的联系，通过网络可以优化资源配置，进而对石墨烯产业创新产生重要影响。结合UCINET等分析软件，将全球石墨烯技术合作创新网络可视化，分析其时空演变规律与网络特征，不仅能为进一步讨论石墨烯技术合作创新机制与模式提供现实基础，也有利于分析我国石墨烯产业创新组织在全球网络中的位置。

1.3.2 梳理石墨烯技术合作创新机理

在第三章分析石墨烯技术创新发展态势的基础上，第四章主要是对石墨烯技术合作创新的影响机理进行研究，包括研发合作机制、知识交流机制和绩效影响机制。在研发合作机制方面，主要包括动力分析、信任关系和利益分配三方面；知识交流机制则根据技术合作创新中知识创新的过程，从知识获取与识别、知识吸收、知识整合和知识创造四个阶段展开论述；绩效影响机制则包含了降低交易成本、获取创新资源和增强知识正外部性三方面内容。

1.3.3 进行石墨烯技术合作创新网络时空演化分析

首先，在机理分析的基础上，借助相关软件，对石墨烯技术合作创新网络演变进行分析，讨论整体、群体和个体的网络结构特征；然后，在此基础上对不同创新组织扮演的中间人角色进行分析；最后，为进一步促进我国石墨烯产业快速发展，统计企业的主要专利技术主题，利用技术主题相似度匹配合作频繁且专利申请量大的国内外企业和研究机构，挖掘组织间相同的专利技术子领域合作明确方向，分析石墨烯产业技术创新领域的潜在合作机会。

1.3.4 研究合作网络特征对技术创新的影响

在机理分析和网络特征时空演化分析的基础上，第六章构建了网络结构与技术创新的计量模型，实证检验网络特征对石墨烯技术创新的影响；并从生命周期视角研究了不同时期网络特征变化导致的网络效应差异性，也对地理等多种邻近性的调节作用进行检验，为我国石墨烯技术创新发展提供参考。

1.4 研究方法与技术路线

1.4.1 研究方法

本研究基于社会网络理论、技术创新理论、知识管理理论、合作创新理论等相关理论，综合采用文献分析法、比较分析法、社会网络分析法、案例研究分析法、计量分析法等多种研究方法，从交易成本、创新资源获取和知识外部性三方面开展石墨烯技术合作网络机理分析，并对其演变特征进行讨论，进而分析其对石墨烯技术创新的影响，主要研究方法如下。

1.4.1.1 文献分析法

在对社会网络理论、技术创新理论、知识共享理论、合作创新理论等国内外相关理论与文献进行回顾和述评之后，指出高新产业技术创新战略导向的未来发展应是基于网络的技术合作创新，并在分析石墨烯全球和我国技术创新整体发展态势下，确定研究对象为石墨烯技术合作创新专利在社会网络理论视角下的特征及促进创新绩效的影响因素。

1.4.1.2 比较分析法

通过对石墨烯全球专利数据进行分析研究，对全球石墨烯技术创新网络演变及特征进行系统分析；同时，从国家间、组织间等多角度进行对比分析，也对全球和我国石墨烯技术竞争合作格局进行比较研究。对研究对象的分类和分时段比较，不仅有利于我们认识全球石墨烯技术合作创新网络的本质特征与演变规律，也有利于讨论不同网络属性特征对创新绩效的影响。

1.4.1.3 社会网络分析法

通过运用社会网络分析法，将全球石墨烯技术合作创新参与主体作为节点，利用每个节点间联合申请专利数构建全球石墨烯技术合作创新网络，并借助 UCINET 软件绘制网络拓扑结构图，分析整体网络属性和重要节点的网络属性，可以更加直观地分析网络节点的具体特征。

1.4.1.4 案例研究分析法

通过对全球石墨烯技术合作专利数据的分析，找到网络中的重要节点企业或组织，以典型重要节点为案例，展开具体讨论。通过对具体创新组织的讨论，总结其技术合作创新的实践经验，归纳典型创新组织的合作创新模式与具体路径，为其他创新组织开展技术合作提供有益借鉴。

1.4.1.5 计量分析法

计量分析方法可以将理论与现实数据相结合，通过构建相应模型，验证研究的可靠性，从而使研究结论更科学严谨。本研究通过运用负二项分布、多元回归分析等方法，构建多种计量模型，实证检验全球石墨烯产业技术合作创新网络属性对创新绩效的影响。

1.4.1.6 跨学科多角度分析法

由于石墨烯研发融合多学科知识和技术，本研究在开展时站在系统科学的角度，从多维度进行综合分析。在宏观上，将全球和我国的相关情况进行比较分析，分别讨论不同空间尺度下石墨烯技术合作创新网络演变特征与合作模式；在微观上，对具体的企业进行分析。同时，考虑到石墨烯产业具体行业的差异性，从创新技术层面细分石墨烯制备和应用技术领域，分别讨论行业演变特征及行业中不同创新组织所发挥的作用。

1.4.2 技术路线

本研究在全面总结和系统梳理国内外相关理论和文献的基础上，从网络角度将全球石墨烯产业技术合作创新组织之间的关系进行可视化表达；在此基础上，讨论石墨烯产业技术合作创新机制，总结梳理不同作用机制间的相互关系；并从整体、群体和个体多个维度对具体的网络属性进行深入分析；进一步地，结合相关计量模型对石墨烯技术合作创新网络属性影响技术创新进行实证检验；最后，根据理论分析和实证检验结果提出相应的对策建议（见图1-1）。

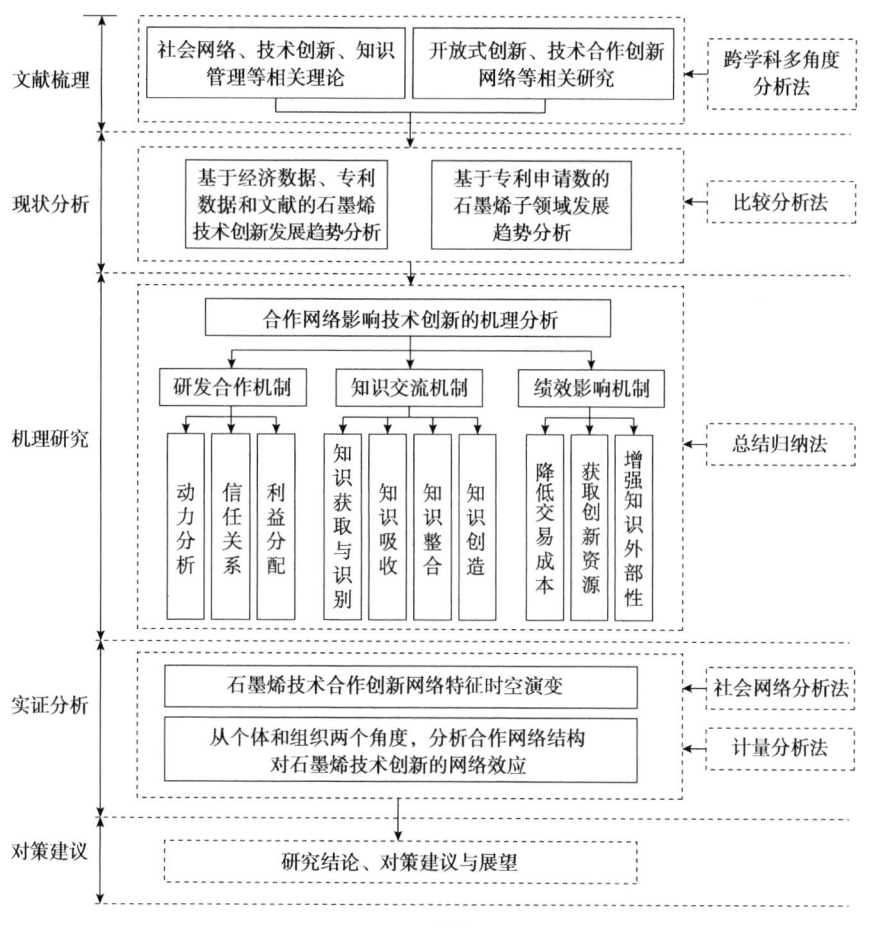

图 1-1 技术路线

1.5 主要创新点

本研究基于社会网络理论、开放式创新、知识共享、技术合作创新网络等相关理论，综合文献分析法、比较分析法、社会网络分析法、案例研究分析法、计量分析法、跨学科多角度分析法等研究方法，对全球石墨烯产业技术合作创新网络进行研究，主要创新点如下。

1.5.1 构建石墨烯技术合作创新的影响机理

本研究通过对现有经济数据、文献数据、专利数据等多种数据进行综合性分析，全面掌握全球石墨烯技术发展态势、创新竞合格局，以及我国石墨烯技术的发展地位，在此基础上，构建社会网络理论视角下石墨烯技术合作创新的影响机理，从研发合作机制、知识交流机制和绩效影响机制进行综合分析，并讨论了三种机制之间的相互作用关系。

1.5.2 探究石墨烯技术合作创新网络时空演变规律

本研究挖掘了基于社会网络理论的石墨烯技术创新合作的时空特征及其演变规律，从微观个体网络到宏观的创新组织网络，系统剖析了石墨烯技术创新网络演变，并对不同中间人所扮演的角色进行深入讨论，这揭示了不同性质的创新组织在合作网络中的关系，分析了基于技术分类相似度的潜在合作机会。

1.5.3 构建多维度石墨烯技术创新计量模型，解析合作网络关系对石墨烯技术创新的影响效应

本研究通过对石墨烯技术合作专利数据进行分析，从组织间和个体发明人两个角度构建合作网络，进而通过网络指标分析网络结构对技术创新的影响；在此基础上，引入产业生命周期理论，对不同周期的网络效应差异化进行分析，并讨论了地理等多维邻近性在此过程中发挥的调节作用及其变化，且对研究结果进行稳健性检验。研究的实证结果验证了个体发明人网络和创新组织网络在石墨烯技术创新过程中发挥的作用。

第 2 章
理论基础与文献综述

2.1 理论基础

知识、技术跨国流动的实质是世界各国为维持其可持续的国际竞争优势，利用全球创新网络与本国创新体系之间的相互嵌入及深度互动，在全球范围内获取、整合和配置创新资源的过程。因此，本章首先对支撑本研究的相关理论基础进行回顾，并以此为基础开展后续研究工作。

2.1.1 社会网络理论

1908 年，社会学家齐美尔提出社会网络，指由人们之间的社会关系所形成的网络结构，每个人拥有不同的社会关系，所形成的社会网络也不同，即一群特定的人之间的所有正式与非正式的社会关系，包括人与人之间直接的社会关系，以及通过物质环境和文化共享而结成的间接的社会关系。

如今，社会网络理论广泛应用于各个领域，尤其是当前互联网环境下形成的社会网络，已成为当前社会学研究的主要热点。社会网络嵌入包括三个维度：结构维度、关系维度和内容维度。结构维度主要关注网络中个体的位置以及网络整体的连接性，其中个体网结构包括中心度、结构洞等，整体网结构包括网络密度、中心性、派系数量、最大连通子图等；关系维度主要关注连接的紧密程度，即强关系和弱关系；内容维度则将网络行动者作为异质的个体，关注个体的属性特征差异，如技术多样化、技术距离、校企合作关系等。

社会网络主要包括结构洞理论、强弱关系理论和社会资本理论三大核心理论。

（1）结构洞理论。结构洞理论是由美国学者 Burt 提出，他认为无论是个人还是组织，其社会网络均表现为两种形式。一种形式即"无洞的结构"，指所形成的社会网络中的任何主体与其他主体都发生联系，不存在关系间断现象，他们之间都有相互作用直接联系。这种无洞的社会网络结构存在于社会网络规模较小、主体不多的情况下。另一种形式，即形成的社会网络中有些个体与个体之间有直接联系，但是也存在部分个体之间没有直接联系，必须通过第三者联系，存在无直接联系或关系中断的现象，从网络整体上看就像出现了洞穴，这就是著名的结构洞理论。结构洞理论可以看作对强弱关系的进一步深入和系统化，而且 Burt 认为社会资本伴随行动主体的中介机会产生，主体拥有的结构洞越多，拥有的社会资本越多。

（2）强弱关系理论。Granovetter（1973）提出了著名的强弱关系假设，他依据形成社会网络的主体的互动次数、感情关系、亲密程度以及互惠交换四个维度，将社会网络中的主体关系划分为强关系和弱关系两种类型。对于这种划分方法，部分学者存在异议。然而，在当前的应用中，强弱关系仍然作为一种非常重要的理论支撑。社会网络中主体形成的节点是依靠它们之间的联结产生联系和作用，联结关系是网络分析的最基本分析单位。在知识和信息的传播及转移过程中，强关系和弱关系发挥着不同的作用。强关系主要产生于特征相似的网络主体之间，它们身上有很多相似的属性和特征，为了某个特征和属性产生一定的联结。拥有相同特征和属性的网络主体，往往拥有的资源很相似或相近，它们之间的资源交互和交流往往非常多余、浪费。强关系中的两个网络主体往往相互信任且关系稳定，适宜进行知识的转移和共享，能够传递较高质量的隐性知识。利用强关系容易形成小群体和资源交互的壁垒。弱关系主要产生于具有不同社会特征的网络主体之间，它们之间存在一定的差异，拥有不同的资源和关系，适合社会网络中资源的交互和转移。弱关系能够引发社会网络中的资源交互和转移。

（3）社会资本理论。社会资本的概念最早是由法国社会学家 Bourdieu 提出，后来人们对这个理论不断进行完善和改进。社会资本主要存在于社会网络中，是指个人所拥有的表现为社会结构资源的资本财产。如果网络主体的社会网络和社会关系越复杂，它所拥有的社会资本就越雄厚，提取社会资源的能力就越强。但是网络主体的社会网络规模越大，会具有一定的异质性。网络主体拥有的社会资本越雄厚，其在社会网络中起到的作用越强，中心性就越强。社会资本理论认为网络主体的社会资本既可以自己占据，也可以通过网络获取。李梦楠和贾振全（2014）以此为基础提出了著名的社会网络三大假设，并且指出社会资源数量和质量与网络成员社会地位的高低、网络属性的异质性呈正相关性，与网络关系力量呈负相关性，社会资源嵌于社会网络之中，并可以社会网络为媒介来间接摄取。

2.1.2　技术创新理论

20 世纪，熊彼特（Schumpeter）正式使用"创新"来定义首次在经济活动中引入的新产品、新工艺、新方法或新制度，将创新的具体表现称为"创造性破坏的力量"，是一种新的生产能力。虽然熊彼特开创性地提出了创新理论，为后来的学者指明了技术创新研究方向，但没有对技术创新进行专门的研究。1952 年，索罗（Solo，1951）对熊彼特的理论进行了评论，再次肯定了创新在企业商业活动中的重大价值，认为源于工业研究和开发的技术变革是企业创新活动中很正常的一部分。目前，学界公认的首次明确技术创新定义的是伊诺思（Enos，1962），他从生产行为集合角度定义技术创新，认为技术创新是发明产生和被认可、资源投入、市场开发和商业化等综合行为的结果。弗里曼（Freeman，1997）以企业为研究对象，认为技术创新是新产品的研发，新生产过程的启动，新设备和工艺等首次商业转化的技术活动；同时，国家政策可以促进新技术的研发、引进和扩散。曼斯菲尔德认为新的发明被应用到生产中最终被市场或社会使用就可以被称为技术创新，他主要侧重产品创新的研究。而斯通曼（Stoneman，1995）认为技术创新是从科学发明经过生产实践最终实现利润的完整过程。有学者从文献角度对技术创新的概念进行论述,如缪塞尔(Mueser,1985)通过对技术创新相关的300多篇论文进行系统整理后发现,大约有3/4的论文对技术创新的表述均为一种新的思想观念或发明经过使用生产最终成功应用和创造了利润,包含新颖性、非连续性和最终实现应用并实现商业化的特征。此外,也有相关组织和机构对技术创新进行定义,美国国家科学基金会认为技术创新不仅是从未出现的产品、过程和服务,还包含将模仿和改进的技术知识作为低层次的创新活动,只要能够最终实现和商业化就都算是技术创新;而经济合作与发展组织和欧盟统计署(2011)认为技术创新是新的产品和工业在市场上的商业化和应用过程。

国内关于技术创新的相关研究起步较晚,学者傅家骥(1998)在其著作《技术创新学》中提出,技术创新是创新主体企业家为获取商业利益,抓住潜在的盈利机会,重新组合生产要素和条件,建立起更高效、费用更低的生产运营系统,产生新的产品、新的工艺、新的方法、新的市场、新的原料或半成品,建立新组织等一系列包括科研、技术、组织、商业和金融的综合过程。而吴贵生和王毅(2009)对技术创新过程继续进行了细化,认为技术发明既源于科学发现、新技术的应用等,也源于用户的需求,将这些新的技术构想通过研究开发或进行组合,最终能获得新产品、新服务、新工艺,或对产品、服务、工艺进行改进,实现盈利,占据市场或享受社会福利等。许庆瑞(1990)认为技术创新与技术革新同义,是发明阶段之后改造客观世界的工具,既是对现有知识的综合,也是新技术的首次商业应用。自20世纪80年代末开始,邓寿鹏(1989)、汤世国(1990)、许庆瑞和吴晓波(1991)、柳卸林(1993)、陈劲(1994)等学者,通过不同视角应用技术创新理论和方法对技术创新经济的相关问题展开研究,取得了丰硕的研究成果。

2.1.3 知识管理理论

知识是企业创造和维持竞争优势最重要的战略性资源,可以在交流与互动的过程中被传播、运用和发展。有效的知识管理过程可以刺激个体和组织通过不同方式获取知识,同时更批判性地、创造性地思考,以致最终产生新的知识并获得竞争优势。有效的知识管理对于现代企业管理的成功是必不可少的，特别是在企业的动态能力、创新能力、创新绩效、竞争优势等方面均存在显著的正面影响。20 世纪，"知识管理之父"Sveiby（1997）首次定义了知识型企业，为知识型企业管理构建了以知识资本为核心的企业创新战略框架，形成了一系列企业知识管理测度方法工具。"现代管理学之父"德鲁克（1999）也强调知识资本是企业的无形资产，更是企业核心竞争力的体现，知识作为关键要素和经济资源，是作为比较优势的唯一重要来源。Grant（1991）在资源基础理论的基础上提出了知识基础观，认为知识是组织中最具战略价值的资源，这也使知识管理领域的研究逐渐升温。Nielsen（2006）研究发现，发生在企业内部的知识创造、知识整合、知识利用等知识管理活动引发了企业内部知识存储的流动，同时改变了知识资源的状态，进而促使企业拥有动态能力。创新是一个复杂的概念，企业在组织流程、服务和产品等方面创新的过程中在很大程度上依赖组织成员及部门所拥有的隐性的、动态的、不可复制的、扩展性强的知识，有效的知识管理可以使组织获得大量的战略利益，并提升创新能力，反映在节约成本上的生产力和效率，顾客关系、满意度，以及市场份额、管理决策制定等方面。

国内学者对知识管理的研究起步较晚。李岳等（1998）提出，知识经济时代，知识日益成为重要的无形资产，需要专门的管理机构对其进行有效管理，且必须面向应用领域而不是知识体系本身。周天慧和蔡耿谦（2000）在总结知识管理的功能和流程基础上，根据不同企业的性质和知识的特点，提出了知识管理策略可以分为显性和隐性，并对不同企业的策略选择进行详细讨论。黄训江（2011）以集群新进企业为研究对象，利用仿真分析不同环境下的不同知识管理策略对新进企业知识增长水平的影响，结果表明，知识优先策略具有最优的知识管理绩效，具有较高吸收能力的企业应优先采用知识优先策略；而且集群吸收能力和扩散能力显著影响新进企业的知识水平。朱秀梅等（2011）的研究指出，知识管理是企业从外部获取知识，并与内部进行知识共享与整合，促使企业内部成员可以在任何时间和地点应用相关知识，以创造新知识和完成组织目标的过程。作为组织内部的知识流动过程，知识管理通过对企业运营管理所需知识的获取、转移、共享及应用等过程，使企业的各类知识资源在生产运营活动中得到共享与增值，进而实现提高企业持续竞争力和创造更大企业价值的目的。随着研究的不断深入，国内学者开始对知识管理进行评价，分析讨论知识管理与创新之间的关系，如陈建军（2007）通过构建 KMS 评价矩阵，从战略与财务、知识过程、用户和学习与创新四个视角对知识管理系统绩效进行评价。而盛小平和刘泳洁（2008）总结认为，知识管理从人员、流程、产品和整个组织绩效几方面对组织产生影响。周冬冬等（2013）基于知识管理构建评价指标体系，对我国高技术服务业研发机构的技术创新能力进行评价，结果表明，我国高技术服务业研发机构技术创新能力总体不高，各行业研发机构对知识获取、应用和转化的能力较弱，但计算机服务业研发机构的知识管理能力要明显强于其他行业的研发机构。而刘金涛（2017）通过因子分析、相关性分析和线性回归分析等实证分析方法研究企业知识管理、人才管理对技术创新的影响，研究表明，知识管理和人才管理二者在微观层面相互作用，彼此融合，对企业技术创新形成"1+1＞2"的有效作用。王欣和徐明（2018）研究发现，知识管理是企业创新组织软环境对创新绩效产生影响的中介因素；环境动态性对知识管理与创新绩效的关系具有调节作用。王雪原和马维睿（2018）采用结构方程的方法，确定知识管理对不同绩效的介入环节与影响力度，结果表明，知识管理对企业环境绩效产生全过程影响，外部知识获取无法直接改善创新绩效，而知识整合对制造企业的经济绩效影响显著。毛义华等（2021）的实证结果表明，知识管理能力，包括知识获取、吸收、保护能力，对创新绩效具有正向作用，且内部协同网络在其中呈现显著的中介效应。

2.1.4　合作创新理论

在第一次世界大战中，英国为了解决战争期间出现的技术问题成立了以行业为单位的永久性联合体："研究协会"是合作创新组织最早的雏形。尽管 20 世纪末很多企业都已经开展了合作创新行动，但国外学者在研究合作创新领域时并没有采用"合作创新"这一术语。国内外对合作创新内涵的界定存在差异，国外学者多采用合作研发（Cooperative R&D）、研发联合（R&D Consortia）、技术联盟（Technical Alliance）、技术合作（Technical Collaboration；Technical Cooperation；Technological Cooperation）和研究合作（Research Partnership）等术语。美国竞争力委员会将政府、企业、大学和研究机构基于共同研发目标，通过共享资源进行研究合作的行为定义为合作安排。Hagedoorn等（2000）在研究合作创新伙伴关系时认为研究合作关系的建立必须基于创新，合作行为主要涉及研究开发。合作创新本质上是基于现有创新资源，通过某种契约安排，联合不同的创新组织而进行的包括研发投入、新产品开发、创新知识共享等在内的过程，通过这样的合作方式达成合作组织的共同战略目标。Staropoli（1998）指出，经济全球化、资产的互补性和特殊性、竞争对手之间的合作、高度复杂性和不确定性导致越来越多的高技术企业开展联合组织创新，而这种创新同合资企业、兼并/收购等一般合作形式有很大的不同。在满足核心客户需求和在动态市场中保持相关性的目标推动下，合作伙伴密切合作，通过订立契约，通过义务、承诺和期望来解决重要的合作创新过程中的问题。如果创新型企业要在当今的全球市场上有一席之地，则与竞争对手的合作至关重要。合作联盟促进了社会规范建设，提高了合作伙伴对关系的信任和承诺，从而使联盟技术合作创新获得成功。联盟能力是发展的关键。此外，具有"合作竞争"心态的高管不仅要投资企业的联盟能力，还要确保这种能力能转化为共同的市场导向行动。虽然增加交换价值可以同时增加合作伙伴的交易成本，但从长期看，合作创新联盟带来的价值收益远远超过了合作联盟的成本增长。Campopiano和Bassani（2020）的研究表明，只有当合作创新机构有积极主动的行为时，以及当它们意识到难以获得销售渠道和资金来进行社会创新时，社会研发合作对技术创新的影响才会更显著。

国内关于合作创新的研究最早围绕产学研相关问题展开。罗德明和张钢（1996）指出产业界、大学及科研院所相结合的创新模式被认为是科技成果转化为生产力的最佳方式。李廉水（1997）则从建立专门机构、实施重点项目、发挥龙头作用、兑现相关政策和完善利益机制五方面梳理了产业科研合作创新的途径。许箫迪等（2005）指出，合作创新把竞争从单个企业之间提升到更大的群体之间，可以降低交易费用和生产成本，推动企业技术的联合开发，增加合作双方的经济收益。也有学者从实证角度对产学研合作创新开展研究，肖丁丁和朱桂龙（2013）分析发现，企业家精神、外部技术依存和政府资助对合作创新效率有显著的正向影响，且政府资助的影响效果具有长效性，出口导向与合作模式对合作效率有显著的负向影响，且出口导向的非效率影响程度更高，而行业差异对合作效率的影响未通过显著性检验。张秀峰等（2019）研究发现，企业所面临的融资约束程度对由企业主导的产学研合作项目的创新绩效具有显著的负向影响，而政府补贴则对该影响具有显著的正向调节作用，即政府补贴可以在一定程度上缓解融资约束对产学研合作创新绩效的负向影响；且与国有企业相比，政府补贴对非国有企业在产品创新方面所面临的融资约束问题的改善作用更明显，而对专利研发方面所面临的融资约束问题的改善作用相对较小。杨雪等（2014）实证检验了文化邻近对产学研合作创新的影响，结果表明，较高的大学威望会削弱地理邻近对产学研合作创新倾向的影响，在控制大学威望的影响后，文化邻近会削弱地理邻近对产学研合作创新倾向的影响。曾德明等（2014）、胡杨和李郁（2017）、杨博旭等（2019）考察了组织邻近性、地理邻近性等多维邻近性对产学研合作创新的影响。

余雅风和郑晓齐（2002）认为合作创新过程就是知识学习过程，知识学习行为的制度化使企业的知识获取更加有效，企业组织的机械结构和稳定的文化导向及组织之间深层的交流，有利于知识学习行为的制度化，从而使合作伙伴之间进行更好的合作，保证合作技术创新的实现。汪忠和黄瑞华（2006）指出，合作创新要求企业间能够进行有效的知识交流与知识共享，合作企业以彼此的能力和知识作为杠杆来增强合作创新的竞争力和生命力；而知识产生破损会导致知识分享不畅，会导致合作创新的失败。李永锋和司春林（2007）提出了合作创新战略联盟中企业间相互信任的概念模型，实证验证了影响信任的前置因素与信任以及信任与合作效果的结构关系，结果表明，企业之间的相互沟通是影响合作创新企业之间信任水平的显著因素，搞好企业之间的相互沟通对于建立合作企业间的信任关系有很大的帮助。

也有学者从微观个体视角开展研究。如邹艳等（2009）实证检验了企业合作创新中知识转移影响因素、协调机制和知识转移效果之间的关系，研究发现，知识特性、组织学习、合作情景和组织管理等知识转移影响因素对知识转移效果的直接效应与间接效应同时存在；而知识转移影响因素对知识转移效果的直接影响较小，协调机制在知识转移影响因素与知识转移效果之间起到的中介作用非常显著。杨燕和高山行（2010）以270家企业为研究对象，分析企业间合作创新中知识黏性和知识转移间的关系，研究发现，知识黏性与知识转移存在显著的负相关关系；知识黏性及合作伙伴在对知识的保护、合作交流的同时显著影响知识转移，知识黏性在其中起到了部分中介的作用。陈伟等（2012）基于微观网络结构和宏观网络聚类的视角，研究装备制造业产学研合作网络结构演变及成员表现对网络的影响，结果发现，中心性和结构洞对网络成员创新产出起到正向促进作用，而中间中心性并没有有效促进创新产出；网络整体呈现"核心—边缘"的结构范式，几个创新能力较强的网络成员引领着联系紧密的子网络，网络密度对网络成员的中介作用具有很大影响。

此外，随着研究的深入，学界从单一产业开展相关研究，高霞（2013）以联合申请专利为代理指标，分析ICT（信息与通信技术）产业产学研合作创新网络特征，研究发现，ICT产业创新主体已经由大学转变为企业；但是网络的集团化程度还不够，有专利联合申请情况的机构比较单一，产学研合作不够广泛。陈钰芬等（2019）研究发现，浙江省ICT产业具有二步式螺旋式上升的演化特征；网络密度对创新绩效存在促进作用，网络中心性对创新绩效存在抑制作用。王秋玉等（2016）以我国装备制造产业为例，借助SPSS、UCINET、ArcGIS等定量分析工具，对组织合作创新网络结构演变及其影响因素进行分析，研究发现，民营企业、高校已经成为重要的创新源泉；市域空间合作成为发达地区城市产学研创新合作最重要的空间单元；理工科高校等科技资源的空间集聚态势是导致创新网络层级特征的主要因子，科技资源富集的行政中心如直辖市、省会城市等发达城市成为最重要的资源集聚地、创新源泉和创新合作对象。李颖等（2021）以海洋产业为例，分析合作网络的特征、结构及邻近性机制，研究表明，海洋组织合作创新网络结构的广度扩张，有明显的合作团体出现，但网络整体通达性弱，结构松散、不稳定；社会邻近性对海洋组织合作创新网络的解释力最高，且两两邻近性之间对城市间合作率的交互影响呈现双因子或非线性增强关系。

2.2 文献综述

2.2.1 开放式创新概述

2.2.1.1 开放式创新的内涵

随着知识经济的深入发展和企业创新技术复杂程度的不断提升，单纯依靠企业内部从事科技创新活动已经变得越来越困难，企业仅依靠自有资源也不可能创造产品创新所需要的全部知识和技术。传统的以企业内部研发为主、自上而下的封闭式创新模式已无法满足企业对自身的创新要求以及客户对企业创新产品的需求。越来越多的企业试图在创新过程中采取开放性战略并积极利用外部知识来提高创新效果。在此背景下，开放式创新的概念被提出并被越来越多的学者关注。Chesbrough（2003）在学界第一次提出了开放式创新的概念，认为开放式创新是创新组织在创新过程中充分利用内外部创新资源，通过知识整合，完善自身知识结构进而加速科技创新及其产业化应用的过程。Lichtenthaler（2011）认为开放式创新是组织内外部知识流动的过程，包括知识的探索、存储和再开发的过程。Beamish 和 Lupton（2009）指出，开放式创新体现了创新要素之间的互动、整合与协同，企业需与创新利益相关者保持密切的合作关系，创新知识可以实现跨组织边界的自由流动，相比内部创新，开放式创新速度更快、成本更低、收益更高。耿瑞利和申静（2017）认为开放式创新是一个动态过程，要求组织者与所有的利益相关者建立一种长期合作的关系，构建创新网络体系，加强网络中创新要素间知识的共享、整合、互动与协同，以实现创新要素在不同组织、个体之间的知识流入与流出，最终推动企业创新。类似地，刘志迎等（2018）认为开放式创新正是对企业过去通用的封闭式创新模式的突破，更好地吸纳企业外部力量参与创新。

2.2.1.2 开放式创新的类型

Keupp 和 Gassmann（2009）根据知识及信息的流动方向，将开放式创新区分为内向开放式创新、外向开放式创新以及耦合开放式创新三种类型。内向开放式创新是指企业通过整合供应商、客户或外部知识来丰富企业内部的知识基础，知识的流动方向是由外向内的。外向开放式创新是指企业通过将自身所创造的知识或技术流通或转移到企业外部，使知识由内向外地传递。耦合开放式创新是指企业在创新网络中同时进行内向开放式创新与外向开放式创新的创新方式。在合作关系当中，企业与其合作伙伴往往以获取信息共享的方式或机制获得彼此的技术知识，或者通过相互授权的方式取得彼此的技术专利。因此，在此过程中，企业需要采取知识及信息由内向外传递的外向开放式创新以交换获取相应的外部信息及知识，从而实现由外向内的内向开放式创新。此外，Dahlander 和 Gann（2010）在此基础上做出了进一步的补充与拓展，根据是否涉及经济交易、开放对象、开放程度等维度对开放式创新的不同类别做出区分。

2.2.1.3 开放式创新对创新绩效的影响

Chesbrough 提出的开放式创新为技术创新扩大了创新范围，拓展了创新边界，增强了知识创造、获取、传播和利用知识的能力。Laursen 和 Salter（2006）开创性地引入开放的宽度以及深度两个指标，并揭示了创新开放度与创新绩效之间的倒 U 形关系。Leiponen 和 Helfat（2011）通过对芬兰的社会调查发现，开放的信息来源（创新源的广度）和创新路径的开放性（目标的广度）两条并行路径战略对创新的成功有积极影响。我国学者也试图在我国情境下验证开放程度与创新绩效的关系。陈钰芬和陈劲（2008）基于我国高新技术企业实证了创新开放度与创新绩效的倒 U 形关系，并提出不同类型创新开放要素所提供创新资源的异质性对创新绩效的贡献。韦铁和鲁若愚（2011）基于博弈论方法，分析在不同开放程度下多主体参与的开放式创新模式。研究发现，随着创新模式开放程度的提高，参与主体福利以及焦点企业的绩效也随之提高。Guan 等（2016）验证发现技术驱动型企业的开放程度与创新绩效呈倒 U 形二次曲线，而在经验驱动型企业中，开放程度与创新绩效之间的关系为正向的线性关系。冯长利和程悦（2020）研究发现，企业通过跨越组织边界的知识活动进行的开放式创新，有助于弥补内部创意不足和嵌入外部创新网络，从而促进企业绩效的全面提升。

事实上，企业采用开放式创新的差异程度很大，外部创新来源与开放度也随着技术成熟和企业内部组织能力的提升而变化。Wang 等（2010）认为企业在创新的过程中应不断调整所选择的合作伙伴，在基础研究和测试阶段，应重点关注高校和相关科研机构；在应用开发和改进阶段，应转型至同行业的相关企业和客户；在国际竞争阶段，应多获得政府的支持。

另外，有学者从组织能力方面对开放式创新绩效的影响展开了深入的研究。岳鹄等（2018）研究发现，组织类型的差异性为组织接触和获取更多外部资源提供可能，企业与其外部环境之间的关系网络在绩效的形成中发挥重要作用。

2.2.2　知识共享概述

2.2.2.1　知识共享的内涵

为了在知识经济时代不被竞争对手抛在身后，组织越来越重视知识的作用。为了获得和维持这一优势，组织通常会选择利用各种手段和策略来系统地管理、存储和传播组织的知识。因此，知识管理已成为组织领导者和管理者的关注焦点。为了利用知识获得预期收益，管理者必须在组织内鼓励知识共享的行为，并建立起促进这种活动所需的组织文化和氛围。

尽管很多研究对知识共享做出了界定，但对于其定义，学者们仍未能达成统一意见，而且对于知识共享适用的情境和视角也是学者们争论的焦点。本研究整理了一些学者对知识共享的定义，以求通过梳理这些学者的成果来加深我们对知识共享的理解（见表 2-1）。

表 2-1　　　　　　　　　　不同学者对知识共享的定义

角度	对知识共享的定义	代表作者
知识交换角度	基于社会交换理论，在个体间、团队内或团队间、组织内部不同部门间、不同组织间相互交换：一是与特定工作任务相关的信息、观点、建议和专长；二是交换信息或帮助他人使每个人都能就某一特定任务或问题采取有效行动	Bartol & Srivastava（2002）；Connelly & Kelloway（2003）；Cummings（2004）；Soule（2003）
知识学习角度	知识共享是组织内个人之间以及团队之间的学习过程，这一过程把个体知识变为组织知识，知识共享不以取得为目的，而是一种使他人获得有效动力的过程	Senge（1997）；Bock（2005）
知识沟通角度	知识共享是知识拥有方和知识接收方两个主体之间积极沟通的过程，这一过程包含知识拥有方知识外化和知识接收方知识内化两个子过程。知识共享能否成功取决于主体的沟通能否顺畅	Hall（2001）；Vries 等（2006）；Ipe（2003）
知识转化角度	个人持有的知识转化是一种可以被其他人理解、吸收和使用的过程。知识共享意味着知识发送方并不放弃知识拥有权；相反，知识共享将使知识发送方和接收方共同拥有知识。包含：第一，知识共享本质上是显性知识和隐性知识相互作用、相互转变的过程，在企业与企业、企业与个人、个人与个人间相互转化；第二，知识共享是个体创造向群体创新转移和转化的过程；第三，知识共享是基于个体的积极性和组织的交互性，在个人与组织、默会知识与明晰知识间进行转化的过程	Teece（1977）；Lee（2001）；严浩仁等（2002）；Ipe（2003）；Nonaka & Takeuchi（1995）；魏江（2004）
知识交易角度	知识共享是指不同组织和个体进行知识交易的过程，企业内部是一个庞大的知识市场，这为知识转移提供了便利。与其他商品交易一样，知识也有买方、卖方，在企业内部进行交易，通过信息和数据与相关经验相结合，从而改进工作方法，提高产品质量，从而满足消费者需求。知识共享主要分为正式的社会化机制及非正式的社会化机制。正式的社会化机制主要是通过正式会议、技术交易等方式实施；非正式的社会化机制主要是通过访谈、调研、产品演示等方式实施	Davenport & Prusak（1998）；Gross（2001）；Desouza & Awazu（2003）；张旭梅等（2006）；刘凤和罗雪（2014）
知识转移角度	知识共享是知识拥有者与接收者共享知识的过程，通过信息媒介等传播知识和转移知识，受众根据已有认知阐释对新知识的理解的过程或两者彼此互动的过程，包括知识传递出去（知识贡献）与知识接收进来（知识吸收）	Galbraith（1990）；Hendriks（1999）；田野和杜荣（2011）

续表

角度	对知识共享的定义	代表作者
知识创造角度	知识共享的过程包括认知与行为两方面的内容，知识共享不仅是共享已有知识的过程，也是创造新知识的过程，即人们在共享现有知识的过程中会同时创造出新的知识。知识共享行为可以有效提高绩效，知识共享认知可以使人们在共享原有知识的同时创造出新的知识	Eriksson & Dickson（2000）

除此之外，学者们对知识共享的维度划分方式也有不同的见解，如 Senge（1997）将知识共享按照分享的类型划分为个体知识的共享、学习机会的共享和鼓励他人学习这三个维度。Lee（2001）和陈涛等（2013）从知识的属性出发对知识共享进行划分，将其划分为隐性知识共享和显性知识共享两个维度。Vries 等（2006）认为，每个知识共享行为都应当包含给予知识和收到知识两部分，因此，知识共享应当被划分为知识捐赠和知识收集两个维度。在简兆权等（2010）的研究中，知识共享更倾向于信息及时、有意义的分享，认为知识共享包含知识传递与知识接受两个维度。而 Reinholt 等（2011）则认为知识共享不仅应涵盖知识的转移，还应包含知识获取者对知识的吸收和利用，他们利用知识获取和知识提供来测量知识共享的水平。

虽然国内外学者界定知识共享的角度不同，但有如下四个共同内涵：一是知识共享的提供方和接收方必须具有一定的文化教育素质，且有共享意愿；二是知识共享主体通过相互交流、沟通、学习、吸收、整合创新知识，并将其转化为物质生产力，使创新知识增加，提高了创新效率；三是知识共享的内容为显性知识和隐性知识的互动转化，需要在不同的共享层级平台或场合完成；四是共享主体、企业环境、原有知识储备等主观和客观因素会对知识共享过程和效果产生影响。

知识共享是知识管理的主要任务之一，既是知识创新的重要手段和驱动力，也是实现知识价值升华的催化剂。知识共享可以发生在组织间和组织内：前者是指组织与另一组织为了维持长期合作关系并实现共生共赢而进行的知识流动活动；后者是个体通过分享信息和专有知识以帮助他人或与他人合作来解决问题、构思新想法的行为。

2.2.2.2 知识共享的类型

（1）基于知识类型的维度划分。代表性的观点是根据隐性知识和显性知识两种知识类型，将知识共享划分为显性知识共享和隐性知识共享。Zellner 和 Fornahl（2002）在研究中根据所共享的知识是否为专门性知识，将知识共享划分为专门性知识共享和非专门性知识共享两个维度。Shan 等则认为知识共享应该同时共享质量和数量。Zahra 等（2007）在研究中将知识共享的维度明确划分为正式知识共享和非正式知识共享。Taminiau 等（2009）也做了同样的维度划分，并且强调了正式知识共享的管理者制度化和非正式知识共享的网络关系化特征。周永红等（2014）将知识共享分为市场机制主导型和非市场机制主导型两类，前者是市场驱动行为，后者是政府力量主导或社会力量推动的知识共享。

（2）基于过程视角的维度划分。Zárraga 和 Bonache（2003）依据知识共享行为的过程，认为知识共享包括知识转移和知识创造两个维度。Bradshaw 等（2015）在研究中借鉴 Nonaka（1994）的观点，将知识共享划分为四个维度，即知识组合、组织内化、组织外化和知识社会化，知识共享是涵盖以上四个维度的动态行为过程。Jain 等（2015）将知识共享划分为知识贡献和知识收集两个子维度，知识贡献是指与其他组织成员进行交流和沟通来分享自身拥有的知识资本；知识收集是指通过向其他组织成员询问和学习，进而获得他人所拥有的知识资本。

2.2.2.3 知识共享的影响因素

目前学界主要从个体层面的心理特征，组织层面的组织文化和组织结构，社会资本和人力资源管理，以及相关的信息技术特征等角度加以分析。

（1）个体心理特征。个体是知识共享的发起者和执行者，因此，个体特征特别是心理动机是理解、发起、实现知识共享行为的重要影响因素。Lin 和 Lee（2004）通过对台湾地区企业中高级经理的调查发现，高级经理对待知识共享的态度、主观规范等都积极影响着组织的知识共享。Lin（2007）对大型私营企业的研究结果显示，内在动机（知识自我效能、愿意帮助他人）和外在动机（互惠收益）对知识共享的态度和意图产生重要作用。此外，Ibrahim 和 Heng（2015）发现在中小企业情境下，个体间的信任以及个体动机、态度、兴趣和自我效能等，在促进企业知识共享中扮演了重要的角色。而 Li 和 Liu（2014）引入了领导力因素并验证了领导力对组织知识共享的积极影响。

（2）组织文化和组织结构。Akman 和 Yilmaz（2008）研究发现，信任氛围、沟通环境、组织结构等因素都能积极促进组织的知识共享。Jones 等（2006）则采用企业案例研究，检验了组织文化对知识共享的影响作用。在具体的文化维度划分及其对知识共享的作用方面，Abili 等（2011）将组织文化划分为官僚文化、创新文化和支持文化，发现创新文化、支持文化积极影响组织知识共享，而官僚文化的作用是反向的。此外，有研究认为组织的开放性文化对知识共享产生积极的影响作用。Jain 等（2015）研究发现，组织内的关系文化和创新氛围积极影响知识贡献和收集过程，并且组织成员间的认知信任、情感信任与知识共享积极相关。

组织结构也被认为是重要的影响因素。学者 Tsai（2002）研究了复杂的组织内结构对知识共享的影响效率，结果发现，正式的层级结构以集权化的形式对知识共享具有严重的负面影响；非正式的横向关系以社会交互作用形式对知识共享有非常大的促进作用。Islam 等（2015）研究发现，跨国企业中形式化和集权化两种组织结构对知识共享会产生消极影响。

（3）社会资本和人力资源管理。Chumg 等（2015）研究发现，当组织展现出很高水平的社会资本趋势时，员工的满意度会大幅度提高，这将促进越来越多的员工既贡献隐性知识也贡献显性知识。在人力资源管理方面，已有较多研究表明企业所拥有的人力因素是决定知识共享成功与否的关键。Fong 等（2011）以马来西亚企业为研究对象，探讨人力资本对知识共享的影响，结果显示，组织的招聘和选拔、绩效评估、团队合作、培训和研发等都与知识共享显著正相关。

（4）信息技术特征。由于ICT的进步和知识的快速传播，其逐渐成为促进知识共享的重要工具。学者们对此已基本形成共识，技术因素对组织共享的作用越来越显著。Davison等（2013）证实了知识共享过程中ICT的关键作用。

从以上分析可以看出众多的影响因素被学者们所关注，然而这些因素的作用并不是独立的，而是对知识共享行为产生交互作用。因此，较多的研究同时关注了多个影响因素，Kwok和Gao（2005）探讨了外在动机、吸收能力、渠道丰富性等因素与知识共享之间的关系。Hau等（2013）实证检验了个体心理动机（奖励、互惠、满足感）和社会资本（关系、信任、目标）与"隐性知识共享—显性知识共享"之间的关系。

2.2.2.4 知识共享与创新绩效

知识共享作为组织获取和创造新知识的重要途径，是组织获取创新绩效、财务绩效，推动组织成长和获取竞争优势的重要推动力。从对已有文献的总结看，知识共享对组织产出既有直接作用，也有间接作用。

（1）知识共享对组织产出的直接作用。知识作为组织的核心资源，较多学者发现其在有效的共享实践中可以直接影响组织的财务绩效。因此，知识共享与企业绩效间的关系是研究者关注的重点问题。Iyamah和Ohiorenoya（2015）实证检验了尼日利亚的石油和天然气行业中知识共享对组织绩效的影响，结果显示知识共享与组织绩效积极相关，知识共享能提高企业的营销水平，使企业获得更好的供应商支持和降低成本，从而有助于企业获得更好的财务绩效。Yang（2010）验证了酒店行业中知识管理的重要作用，认为知识共享是有助于满足顾客偏好、帮助酒店改善服务、避免失败案例重演、降低运营成本和提升酒店效率等的有价值的组织活动。也有学者探讨了知识共享对企业创新的作用，知识共享对组织学习新的技术、解决问题、创造核心竞争力以及启动新的业务等均非常重要。积极有效的知识共享还会对组织内员工的工作绩效和创新能力产生积极作用。Aulawi等（2009）通过对印尼电信公司125名员工的调查发现，企业内积极的知识共享给个体提供了更加广泛地创造新想法和开发新业务的机会，从而提升员工的创新能力。Dong等

（2016）的研究提出，组织内部团队的知识共享是提高员工创造力的关键措施。知识共享可以使个体间的联系更紧密，建立起信任关系与互惠原则，有益于个体获得新的知识和技能，以提升个体工作绩效。王娟茹和罗岭（2015）研究发现，显性知识共享与隐性知识共享均显著、积极地影响创新的速度和质量，并且显性知识共享对创新速度的作用更大，隐性知识共享对创新质量的作用更大。

（2）知识共享对组织产出的间接影响。Majchrzak 等（2004）的研究认为知识共享对组织创新能力有显著影响，这将推动组织通过推出创新性的产品或服务、优化流程、采用新的营销模式和生产方式等来提高企业绩效。Sáenz 等（2012）通过对比高科技产业和低技术产业，验证了知识共享对企业培育创新的能力，进而创造价值的积极作用。国内学者朱秀梅等（2011）研究发现，知识共享对组织竞争优势的影响过程中，创新能力在二者之间起到了积极的中介作用。孙世强和陶秋燕（2019）研究发现，隐性知识共享作为中介要素增强了关系对创新绩效的促进作用；显性知识共享作为中介要素在一定程度上削弱了弱关系对创新绩效的作用；潜在吸收能力正向调节隐性知识共享与创新绩效的关系。喻登科和周子新（2020）从普适性信任出发，引入知识共享宽度作为中介变量，构建企业开放式创新绩效形成路径分析框架，分析发现，知识共享宽度的中介效应显著，网络嵌入性显著调节普适性信任对知识共享宽度的作用，而编码能力和吸收能力显著调节知识共享宽度对开放式创新绩效的作用。

2.2.3 技术合作创新网络概述

2.2.3.1 技术合作创新网络的概念

随着技术创新复杂程度的不断提升，合作创新网络已经成为现代产业组织中的重要组成部分。企业参与技术合作创新网络，不仅能为企业提供多元化的资源，而且可以降低交易成本，增强企业的竞争力。创新网络无疑为企业提供了搜寻资源、扩散技术、提升创新绩效的平台，企业在创新网络的平台上通过关系互动来获取所需要的创新资源，与自身知识进行整合进而提高创新绩效。学者们从资源、战略管理、组织行为等不同的视角进行了研究，以合作创新为线索对创新网络、技术联盟网络、跨组织网络等进行了分析。Osborn 和 Marion（2009）认为进行合作技术创新的网络组织都可以被称为创新网络。从经济学角度而言，张永凯和李登科（2017）认为，技术合作创新网络是联结和学习企业或组织间互补性创新能力的一种机制。从管理学角度而言，Nonaka 和 Takeuchi（1995）认为合作创新网络是组织获取规范化知识、正式文件及缄默知识的工具，其统一了组织内外部正式与非正式的联系。创新网络可看作不同的创新参与者共同参与新产品的开发、生产和销售过程的组织模式。从网络组成主体角度而言，Jones 和 Craven（2001）认为技术创新网络是企业间或组织间网络，这些网络可能包括合资企业、联合体、战略联盟、技术合作等组织。从系统科学角度而言，Koschatzky（1998）认为创新网络是一个相对松散、非正式、嵌入性、重新整合的相互联系系统，促进了学习和知识流动。国内学者李金华和孙东川（2006）认为技术合作创新网络是创新主体为适应创新复杂性的一种组织涌现，它由主体间各种正式关系和非正式关系交织而成。

2.2.3.2 技术合作创新网络的模式与机制研究

Tether 和 Tajar（2008）基于欧洲微观企业数据对比分析了制造业创新和服务业创新在模式上的区别，提出服务业企业创新是以供应链为基础的组织合作模式，而不是以研究为基础的合作模式，尤其是在贸易和分销服务业；而制造业企业则侧重工艺技术模式。类似地，Hidalgo 和 D'Alvano（2014）研究发现，大多数服务型组织的外向型创新发展程度较高，与其他服务网络成员（大学和研发中心）相比，表现出更倾向于客户和供应商的创新过程。此外，服务业企业将其创新过程定位于供应商、客户、大学和研发中心，而不偏好任何特定类型的创新。国内学者袁信和王国顺（2007）分析我国高科技企业融入跨国创新网络的基本模式时指出，协作 R&D 网络化和技术标准合作战略已成为我国高科技企业融入跨国创新网络的基本战略选择。黄劲松（2015）

分析了产学研合作的双边治理模式和混合治理模式，提出只有在合作能够创造交易租金且交易租金对双方都有吸引力的条件下，大学研究人员和技术需求企业才有动机寻求合作。常红锦等（2019）实证研究了技术创新网络惯例与关系机制的关系，结果发现，合作创新行为默契和创新网络规范共识提高有利于促进关系承诺。孙玉涛和张一帆（2020）认为，异质性连接机制是产学研合作的重要动力之一，并实证检验了知识、体制和复合异质性对合作网络的影响，复合异质性显著正向促进各类产学研合作连接建立，一定程度上验证并拓展了体制因素与其他创新要素的交互关系。Schepis等（2021）研究发现，创新中介机构不仅在产业、成员网络和项目三个相互关联的层次上开发和使用网络协调机制，还要不断评估协调机制的结果，并根据成员不断变化的价值需求对这些机制进行微调，以实现成员之间的价值创造。曹兴和马慧（2019）对机制进行模拟仿真研究，发现"多核心"创新网络结构将减少非核心企业"搭便车"现象，有利于新兴技术企业的创新。谭劲松等（2019）构建了基于多智能体的仿真模型，分析产业网络演进机制，并以我国3G产业网络为实例进行深入分析。

2.2.3.3 技术合作创新网络结构及演化特征

学界主要从产业视角开展研究。Tsay和Liu（2020）分析发现，人工智能领域合作创新网络规模不断扩大，研发企业、高校、科研院所的参与度不断提高。其中，美国、日本、中国、法国和德国的受让方是人工智能技术合作的主要贡献者，特别是自2010年以来，我国的人工智能领域迅速发展。高霞和陈凯华（2015）分析了我国ICT合作创新网络结构演化，发现我国ICT产业复杂网络特征明显，具有明显的小世界和无标度特征。刘云等（2015）基于国际合作论文数据，分析了纳米科技创新网络结构演化，结果表明，我国在纳米国际科技合作网络中的地位愈加重要，法国和南非在网络中发挥了桥梁和中介作用。陈文婕和曾德明以低碳技术为例，分析技术合作创新网络的多维邻近性演化，结果表明，虽然行动者发展路径有所不同，但丰田、电装等企业（行动者）始终处于网络优势地位，而现代、宝马等企业的位置资源与创新能力日趋增强，核心企业作为低碳技术创新与扩散主力，倾向连接邻近行动者以推动低碳技术扩散。杨春白雪等（2020）以我国 LED 照明技术为分析对象，探讨了新兴技术合作创新网络演化特征，研究发现，虽然网络核心节点在网络的不同发展阶段发生了变化，但是节点的中间中心度总体呈上升趋势，表明持续创新企业的核心性逐渐提升，对网络信息流动的控制力增强。也有学者从区域和微观企业视角开展研究，如 Kofler 等（2018）以意大利南蒂罗尔为例，探讨了旅游创新网络时空演变特征，研究发现，地域依附性是旅游创新网络的一个独特特征，与外部联系相比，在地域上关系密切的行为者之间建立的合作关系所占比例相对较高，这表明旅游企业更愿意在其直接的地理范围内开展合作。陈暮紫等（2019）以京津冀为研究对象，从"区域内—区域外"和"宏观—微观"两方面探讨了区域创新能力和知识流动的动态变迁，研究发现，京津冀产学研合作从外延广度扩张向内延深度合作演变。阮平南等（2018）基于 IBM 专利合作网络数据，从生命周期视角分析了地理、社会、技术、组织和制度五个维度的邻近性演化特征。

此外，有学者在分析网络结构演变过程时讨论了各成员在网络中所扮演的角色，如刘凤朝和马荣康（2011）分析了我国制药技术领域组织创新网络中的中间人角色及其影响因素，讨论了中间人角色的转变路径及组织创新网络的演变模式。

2.2.3.4 技术合作创新网络与创新

Fitjar 和 Rodríguez-Pose（2015）研究发现，企业会从与广泛的非区域合作伙伴的互动中受益，无论是在产品和工艺创新方面，还是在渐进式和激进式创新方面，但这种促进作用与研发强度和吸收能力密切相关。Savin 和 Egbetokun（2013）分析了吸收能力在创新网络中的作用，结果表明，研发合作小世界属性有助于知识有效扩散，网络的形成通过自愿和非自愿的知识溢出提升企业创新绩效，但这种作用受吸收能力的影响，网络位置会影响企业吸收能力的积累。Giovannetti 和 Piga（2017）研究发现，企业与咨询公司、客户、大学等形成的研发网络有利于提升创新绩效和企业生产率；但与竞争对手合作开展联合创新则会降低市场竞争程度，最终不利于行业创新发展。卢艳秋和张公一（2010）以通信行业和汽车行业为研究对象，检验了跨国技术联盟创新网络与合作创新绩效之间的关系，研究表明，跨国技术联盟通过创新网络推动合作创新的绩效，政府对网络量度、关系属性与合作创新绩效的关系具有正向调节作用，而对网络中心度与合作创新绩效的关系调节作用不明显。曾德明等（2015）基于我国汽车产业企业间共同申请专利数，实证研究了网络技术多样性对探索式创新的影响，研究发现，前者显著正向影响后者，且网络密度和关系强度会产生正向调节作用，而中心度的调节作用并不明显。张涵等（2015）通过对我国科技创业联盟204家创业企业的问卷调查，对网络规模、关系强度进行了实证分析，结果表明，在中等或以上公平感知水平，网络规模对创新绩效具有显著正向影响；而在低公平感知水平，网络规模对创新绩效的影响不显著。也有一些研究者将网络规模当作调节变量或中间变量，研究网络规模对其他变量之间关系的影响，如李纲等（2017）研究发现，网络规模对资源管理能力和知识获取的关系具有负向调节作用，对关系管理能力和知识获取能力的关系具有正向调节作用。李海林等（2020）采用CART决策树算法分析了中文期刊论文合作网络，研究发现，对于度中心性较高的合作网络而言，网络密度越小、规模越大，越有利于合作网络创新绩效的提高。王崇锋和孙靖（2021）使用我国绿色技术专利数据探究知识基础调节下合作网络对创新的影响，实证结果表明，知识广度削弱了中心度与结构洞的正向影响，同时削弱了聚集性的负向影响；知识深度强化了中心度与结构洞的正向影响，削弱了聚集性的负向影响；知识融合性削弱了中心度对发明专利申请数和专利申请总数的正向影响，同时削弱了聚集性的负向影响。在微观企业视角上，裴云龙等（2016）利用ISIP公司的专利和论文数据，检验了企业研发人员合作网络对技术创新的影响，结果表明，企业研发人员的结构洞网络位置对其技术创新行为的影响具有差异性，并非所有结构洞都对节点的技术创新绩效具有正向影响，只有当企业研发人员在其个体中心网中扮演Gatekeeper（守门人）的角色越多时，才越有利于其更有效地将科学研究成果转化为技术创新绩效。李明星等（2020）以江浙沪A股上市公司为研究对象，实证检验了产学研合作中企业网络位置与关系强度对技术创新的影响，发现度数中心度在某种程度上抑制了企业技术创新绩效的提升；而中介中心度和关系强度则起到显著的促进作用。

2.3 文献述评

综合上述文献可知，国内外学者在开放式创新、知识共享和技术合作创新网络的相关研究中取得了丰硕的成果，不仅为基于社会网络理论的石墨烯技术合作创新机制研究奠定了扎实的理论基础，也有助于我们深入了解技术合作创新的相关问题。然而，现有研究还存在一些不足，主要包括以下几方面。

第一，对于技术合作创新网络的研究目前尚处于起步阶段，研究主要集中在分析网络节点的功能和作用上，还未形成较成熟的理论体系。现有研究中对技术合作创新网络中的知识共享研究还不足，特别是缺乏基于社会网络理论的石墨烯产业技术合作创新面临问题的发现和对网络时空演变特征的提炼与分析，这些问题和网络演变决定着未来技术合作创新的发展，在缺少这些发现和分析的情况下建立的技术合作创新网络可能会失真。

第二，现有技术合作创新网络的相关研究中，关于汽车产业、生物产业等相对较成熟的产业分析较多，而结合具体产业特征、发展阶段和未来发展趋势来有针对性地探讨新材料产业的相关研究较少，尤其是石墨烯产业，而且现有采用专利数据进行技术合作创新的研究中，主要是分析发明人合作或者专利权人合作数据，缺少对两者的综合分析。另外，现有研究更多关注和分析网络规模、结构等指标，而对技术合作创新网络中成员的位置、发挥的作用和功能变化的系统性分析较少。

第三，在技术合作创新网络方面的现有研究主要集中在产业发展模式、专利的区域比较、技术创新演变等，而关于技术合作创新网络的相关研究还很欠缺。特别是在我国石墨烯产业发展迅速的情况下，从全球视角分析石墨烯技术合作创新网络演变及我国相关组织在网络中的作用显得尤为重要。

综合上述分析，本研究拟在以下几方面弥补以往研究的不足。

第一，本研究拟将对技术合作创新网络的研究与石墨烯产业技术特征、发展现状紧密结合，在实践中发挥更强的指导作用。本研究将发明人合作和专利权人合作结合起来，力求更加全面地分析全球范围内石墨烯产业技术合作创新路径、模式和网络结构演变。

第二，本研究在石墨烯产业技术合作创新网络的部分中，拟分别以全球和我国为网络视角来探究全球"大网络"和我国"子网络"中各组织的合作特征和合作关系，基于对比性网络分析，能够更好地摸清石墨烯产业发展的国际形势和我国的地位及变化，有助于丰富技术合作创新网络的研究视角。

第三，在确定全球和我国石墨烯技术创新网络的特征后，运用专利计量分析和过程维度特征分析方法研究石墨烯领先企业和领先团队的合作机制，通过对石墨烯领先组织知识共享的研究分析总结其合作专利研发的实践经验。

第四，基于石墨烯专利合作数据，本研究拟构建领先企业 10 年的合作创新网络，通过多组网络特征指标，开放式创新开放度、开放广度和深度指标，以及知识共享过程中的相关知识流动性指标，采用负二项分布回归来确定专利合作绩效的影响大小和程度。

本研究通过分析基于开放共享环境下的石墨烯技术合作创新相关问题，极大丰富了现有石墨烯产业技术合作创新研究的视角；同时，研究结论有利于我国新兴产业充分利用全球创新资源，发现潜在的技术合作伙伴，为我国石墨烯技术快速发展、实现弯道超车提供思路和参考。

第3章
石墨烯技术创新发展态势

新材料产业是经济高质量发展的基础产业，特别是随着大数据、云计算、机器学习、互联网等新一代信息技术和科技创新的不断深化，新材料产业的制备与应用已经成为我国在新一轮全球科技革命中抢占战略制高点的关键性产业。作为新材料产业中发展前景最为广阔的产业之一，石墨烯产业自其成功研发制备以来便一直备受学术界和商业界的高度关注。石墨烯（Graphene）是一种单层二维碳原子结构的纳米材料，具备众多优异的力学、光学、电学和微观量子性质，也是目前最薄和最坚硬的纳米材料。因具有特殊的纳米结构和优异的物理化学性能，未来石墨烯将在传感器、储能和新型显示、半导体材料、生物医学、航空航天、海水淡化等高精尖科技领域被广泛应用。基于此，在上一章详细论述技术合作创新网络的相关理论与文献的基础上，本章通过分析经济数据、科学研究文献数据及技术研究专利数据，重点讨论全球石墨烯产业技术创新态势和竞合格局，为进一步分析技术合作创新网络演变对石墨烯产业创新的影响提供支撑，也为我国创新主体充分利用技术合作网络优势实现更高质量和更快速的发展提供经验、依据。

3.1 基于经济数据的全球石墨烯产业发展现状

3.1.1 石墨烯产业重点区域发展情况

近年来，各国陆续将石墨烯这种新材料纳入产业革命战略目标中的重要研发领域。英国作为石墨烯的发现国，不管是政府还是学界，始终在推动石墨烯产业化和相关研究的开展。2013年，英国政府为支持石墨烯研究，联合欧洲研究与发展基金会成立国家石墨烯研究院。剑桥大学、英国石墨烯工程创新中心等在内的高校和科研机构也开展了石墨烯应用相关研究。不仅如此，英国还涌现了包括海德公司在内的一大批石墨烯生产和应用公司。

美国对石墨烯产业的投入也比较早，支持力度相对较大。2008年7月，美国国防部高级研究计划局实施总投资2200万美元的碳电子射频应用项目，旨在开发超高速和超低能量应用的石墨烯基射频电路。据不完全统计，2006—2014年，美国国家自然科学基金会针对石墨烯产业相关研究的资助项目约有200个。除了政府的投入支持，美国良好的创新创业环境也加速了石墨烯材料的商业化应用。IBM、英特尔、波音等众多研发能力出众的企业纷纷开始进行科研攻关，加强对石墨烯产业相关产品的研发，如2012年IBM公司研制出首款由石墨烯圆片制成的集成电路。除了科技巨头，石墨烯产业的兴起也加速了新兴企业的成长，如Carbon Science、Graphene 3D Labs等，这些企业往往专注石墨烯产业某种应用领域的相关研究。

近年来，欧盟在石墨烯产业的投入也持续增大。2013年1月，欧盟委员会将石墨烯列为"未来新兴旗舰技术项目"之一，将石墨烯和其他二维材料从实验室推向社会。该项目由瑞典查尔姆斯理工大学牵头，由欧盟15个成员国的100多个研发团队组成，包括4名诺贝尔奖得主。目前，欧盟"第七框架计划（FP7）"的过渡阶段（2013年10月1日至2016年3月31日）已经完美收官，形成了石墨烯神经元研究、石墨烯压力传感器、无摩擦石墨烯、石墨烯皮划艇、搅拌法生产石墨烯、石墨烯柔性显示、石墨烯光纤、石墨烯可充电电池8项研究成果。作为欧盟重要的成员国之一，德国对石墨烯产业相关研究的启动时间也比较早，在2010年就制订了相关研究计划，计划开启38个石墨烯产业研究项目，总经费超过1000万欧元。2012年10月，德国慕尼黑工业大学的科学家成功研制出石墨烯光电探测器，可以快速处理和引导光电信号。

作为新材料产业极为发达的国家之一，日本从2007年就开始对石墨烯产业进行资助，2011年，经济产业省实施"低碳社会实现之超轻、高轻度创新融合材料"项目，重点支持碳纳米管和石墨烯的批量合成技术。除政府的直接支持，日立、索尼、东芝等日本知名企业也开展了石墨烯产业基础和应用研究，在相关领域也取得了明显优势。2012年，索尼公司研发出可以生成120米的石墨烯透明薄膜化学气相生长技术。

近年来，韩国石墨烯产业发展态势良好。2012—2018年，韩国政府向石墨烯产业提供了超过2亿美元的资助，分别用于石墨烯技术研发和商业化应用研究。除政府的大力支持，韩国企业也在石墨烯产业相关领域开展相关研发活动。2014年，韩国三星集团和成均馆大学联合宣布合成了一种可以在更大尺度内保持导电性的石墨烯晶体，是一种可以用于柔性显示屏和可穿戴设备上的屏幕显示技术。目前，韩国相关企业在柔性显示、触摸屏、芯片、电池等领域处于国际领先地位。

世界主要国家/地区支持石墨烯产业发展情况如表3-1所示。

表3-1　世界主要国家/地区支持石墨烯产业发展情况

国家/地区	资助机构/计划	资助内容	资助金额	资助时间
英国	英国政府、欧洲研究与发展基金会	成立国家石墨烯研究院	约6100万英镑	2013年
	英国政府	成立石墨烯工程创新中心	约6000万英镑	2014年起
美国	美国国家自然科学基金会	累计资助几百个项目	约3300万美元	2002—2013年
	美国国防部高级研究计划局	支持碳电子射频应用项目	约2200万美元	2008年7月
	美国国家自然科学基金会	支持石墨烯及相关二维材料基础研究	约1800万美元	2014年
欧盟	欧洲科学基金会	支持欧洲石墨烯项目	—	2009年
	欧盟委员会	支持石墨烯旗舰项目（"未来新兴旗舰技术项目"之一）	约10亿欧元	2013—2022年

续表

国家/地区	资助机构/计划	资助内容	资助金额	资助时间
欧盟	欧盟委员会	资助诺基亚进行石墨烯研发	约13.5亿美元	2013年
欧盟	欧盟"第七框架计划"	石墨烯神经元研究、石墨烯压力传感器等研究	—	—
德国	德国科学基金会	支持石墨烯新兴前沿研究项目	—	2009—2014年
德国	德国科学基金会	支持石墨烯优先研究计划	—	2010—2012年
日本	科学技术振兴机构	支持硅基体上石墨烯材料及器件技术开发	—	2007年
日本	经济产业省	支持低碳社会实现之超轻、高轻度创新融合材料研发	—	2011年
韩国	原知识经济部	支持石墨烯研发	约1.24亿美元	2012—2018年
韩国	原知识经济部	支持石墨烯商业化	约1.26亿美元	2012—2018年
韩国	产业通商资源部	支持产学研合作研发	约4230万美元	2013—2018年

资料来源：根据知网等公开网站资料整理。

我国关于石墨烯产业的相关研究和政策支持起步较晚。2012年，我国工信部正式发布《新材料产业"十二五"发展规划》，明确提出支持石墨烯新材料发展。此后，《关键材料升级换代工程实施方案》《关于印发2015年原材料工业转型发展工作要点的通知》《中国制造2025》《关于加快石墨烯产业创新发展的若干意见》《关于加快新材料产业创新发展的指导意见》《中华人民共和国国民经济和社会发展第十三个五年规划纲要》《国家创新驱动发展战略纲要》《新材料产业发展指南》等先后发布，确立了石墨烯在我国产业发展中的战略地位，鼓励在电化学储能、航空航天、柔性电子器件、海洋工程、重大环保技术装备、新能源汽车等领域拓展石墨烯应用。

除了中央政府，我国部分省市也出台了支持石墨烯产业发展的专项政策。2017年，常州市委、市政府正式发布《常州市关于加快石墨烯产业创新发展的实施意见》，提出组建石墨烯产业发展专项资金，总规模每年5亿元，重点支持石墨烯产业应用示范、石墨烯龙头骨干企业发展、石墨烯材料规模化制备和产业化应用关键技术研发、终端产品应用示范推广项目等。2018年，广西壮族自治区政府正式印发《广西石墨烯产业发展工作方案》，提出通过引进培育石墨烯产业骨干企业、建设石墨烯科技创新基地、开展石墨烯产业关键技术攻关、支持组建广西石墨烯产业技术创新战略联盟等措施，大力推动石墨烯产业发展。2019年，深圳市发展和改革委员会发布了《深圳市发展和改革委员会关于组织实施深圳市新材料产业2019年第一批扶持计划的通知》，明确指出重点支持电子信息材料、绿色低碳材料、生物材料、新型结构和功能材料、前沿新材料五大领域，前沿新材料中包括石墨烯、氢燃料电池材料、新型二维材料等。

3.1.2 石墨烯产业链已初步完备

随着世界各国政府的支持力度增加，石墨烯产业发展较快。从企业层面而言，既有IBM、波音、微软、三星、英特尔、索尼等大型跨国公司，也有方大炭素、利特纳米、江南烯元、新池能源、新碳高科等非跨国公司从事研发、生产、制造等。石墨烯产业链上游主要是指原料（包括石墨、甲烷等含碳材料）、石墨烯粉体、石墨烯薄膜的生产；下游则是指石墨烯在不同领域的应用，包括能源、新材料、电子、环境、医药等领域（见图3-1）。

石墨烯应用阶段可分为初级、中级和高级。石墨烯应用初级是石墨烯难以量产的阶段，其仅作为提高其他材料性能的功能增强材料，主要用于锂电子电池、防腐涂料、导电油墨等领域。在中级量产阶段，石墨烯依靠支持新型器件有望在柔性显示、传感器、假体植入、超级电容器等领域发挥作用。在高级技术成熟阶段，石墨烯集成各类系统、突破传统技术和颠覆传统产业，在科技含量更高的生物医疗、多功能复合材料和高频器件等领域将发挥作用。

```
                                    ┌─ 锂电子电池：导电添加剂、电极材料
                       ┌─ 能源领域 ─┤
      氧化                           └─ 超级电容器
      还原法                         
石墨 ──────→ 石墨烯粉体 ─┤           ┌─ 防腐涂料：船舶、海上平台设备防腐
                       │            ├─ 散热材料：导热膜、散热片
                       └─ 新材料领域┤
                                    ├─ 电学材料：导电油墨、电线电缆的电磁屏蔽
                                    └─ 功能增强材料：高强度塑料、增强橡胶

                                    ┌─ 触摸屏：手机、车载显示屏、可穿戴设备等
                       ┌─ 电子领域 ─┤ 电子元器件：芯片
                       │            ├─ 传感器材料
      气相             │            └─ 燃料电池材料
      沉淀法           │            
甲烷 ──────→ 石墨烯薄膜┤            ┌─ 金属污染土壤修复
                       ├─ 环境领域 ─┤ 电子元器件：芯片
                       │            ├─ 传感器材料
                       │            └─ 燃料电池材料
                       │            
                       └─ 医药领域 ─┤ 靶向药物输送
                                    └─ 催化载体
```

图 3-1　石墨烯产业链分布

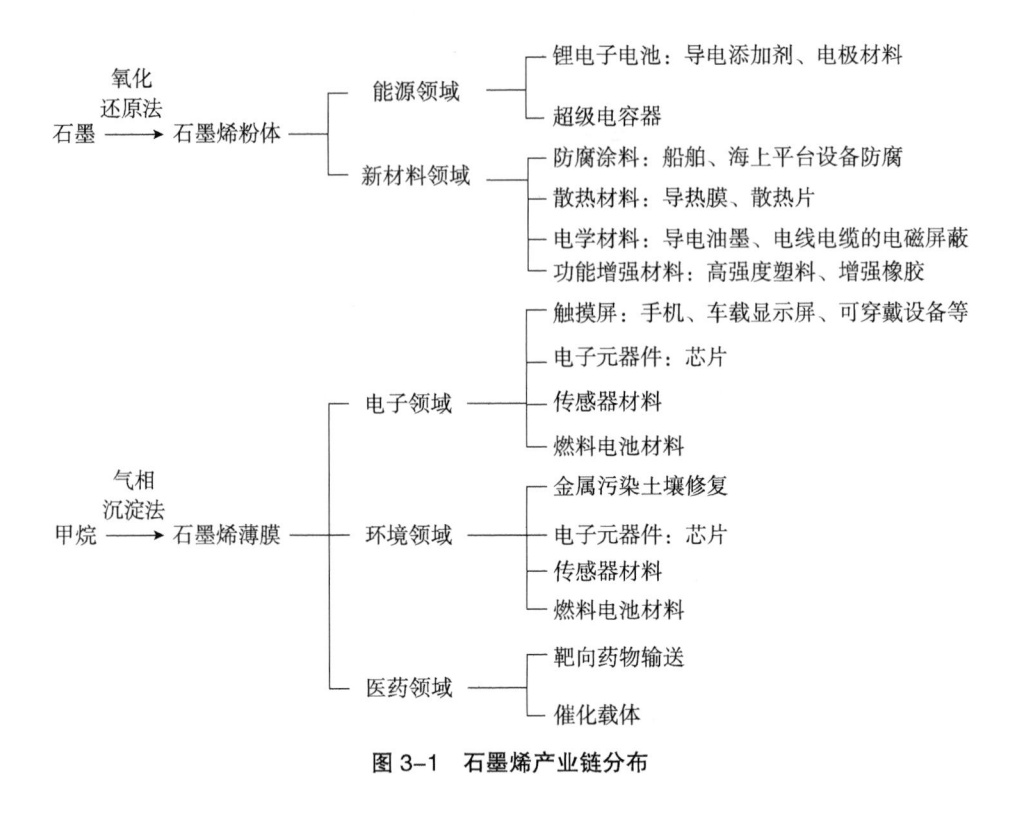

3.1.3　产业规模呈爆发性增长

2014 年之前，石墨烯尚处于技术研发阶段。2014 年之后，石墨烯产业商业化应用开始逐渐增多，产业规模开始增加。2018 年，全球石墨烯产业产值已达约 31.48 亿美元。2025 年全球石墨烯市场规模预计达到约 2103 亿美元（见图 3-2）。

3.1.4　产业格局呈现"六强争霸"

目前，全球石墨烯产业格局基本上形成了以美国、中国、欧盟、英国、韩国和日本为首的"六强争霸"格局。其中，得益于较为完整的科技创新体系和强大的政策、资金支持力度，美国的石墨烯产业链相对更完整，其研发创新更多聚焦于石墨烯单层成品和大尺寸，应用领域则比较全面。虽然欧盟较早开展石墨烯产业相关研究和政策扶持，但主要是在石墨烯薄膜、粉体、

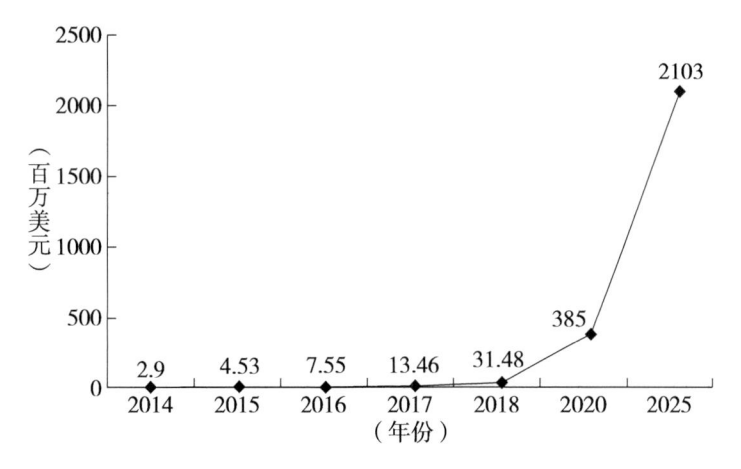

图 3-2　2014—2025 年全球石墨烯产业规模

资料来源：根据知网、Graphene-info 相关数据整理。

复合材料制备等方面具有优势，而具体产业应用领域的相关企业数量较少。英国侧重石墨烯产业的基础研究，通过开展国际合作促进产业原始创新，但其产业化推进较慢，应用领域的企业规模偏小。日本和韩国在化学气相沉积制备石墨烯薄膜及其在电子器件领域的应用上较为突出，如韩国的三星电子研制出了首款石墨烯电子晶体管器件，日本富士电机在太阳能电池开发领域处于领先地位。我国石墨烯产业虽然起步偏晚，但发展速度较快，特别是在应用领域。如性能优越的石墨烯超级电容器在未来将因新能源汽车的稳步增长而继续快速发展，其在交通运输和新能源方面的使用会大幅增加；石墨烯柔性屏也会因可穿戴设备的快速发展而进一步释放发展潜力。

3.2　基于专利数据的全球石墨烯产业发展现状

3.2.1　石墨烯技术专利申请总量

本研究基于社会网络理论研究石墨烯技术合作创新网络，虽然专利并不能完全代表创新，但也正是因为专利的存在才使创新活动可衡量。本研究的专利数据源于世界最大的专利数据库之一 Innography，其包含来自 100 多个国家和地区的几十个专利机构的专利数据，是拥有专利全文信息最齐全的数据库之一，具有全球化、更新收录专利覆盖面广、数据规模大、检索快速全面、权威性高等优点。在 Innography 中，每项专利数据均匹配了专利权人财务数据，详细记录着专利家族（不同国家授予的同一技术的专利），我们可以全面了解某一项专利的全球授权情况。此外，该数据库通过人工及 AI（人工智能）优化专利权人，在有关专利权人模块下不仅有专利权人（Assignee），还添加规范专利权人（Normalized Assignee）、初始专利权人（Original Assignee）以及最终归属组织（Ultimate Parent），这不仅对有名称异议或缺失专利权人的情况进行了有效补充，还为研究创新组织母子公司内部合作提供了依据。因此，在基于经济数据分析全球石墨烯产业发展的基础上，笔者进一步通过 Innography 获知全球石墨烯领域专利申请量，重点分析石墨烯专利申请量变化，具体如图 3-3 所示。

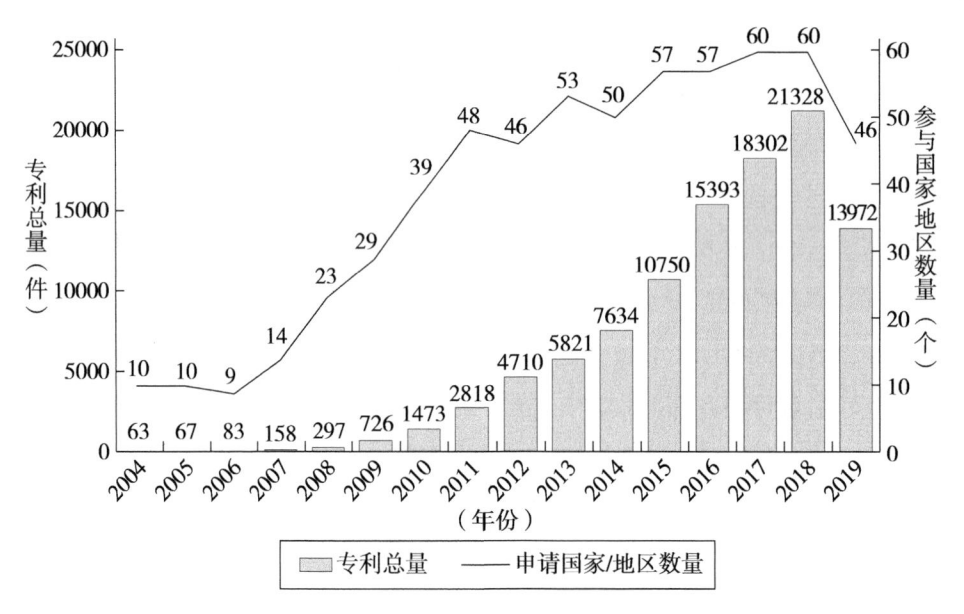

图 3-3　2004—2019 年全球石墨烯专利申请量及参与国家数量

整体来看，2004—2019 年全球石墨烯专利申请量及参与国家数量整体呈波动上升趋势。依据专利申请量，可主要将其划分为三个阶段：2004—2009 年、2010—2015 年和 2016—2019 年。在第一阶段（2004—2009 年），受石墨烯材料出现时间的影响，此阶段的专利申请数量整体较少，参与的国家不多，国际化程度较低。以 2004 年为例，当年石墨烯专利申请量仅为 63 件，参与国家分别为日本、美国、俄罗斯、斯洛伐克、韩国、瑞典、巴西、越南、中国和德国。主要原因在于，一方面，学术界和产业界对石墨烯这种新兴材料的认识还不够，风险和不确定性比较大，并未进行大量投入；另一方面，任何产业或新材料的原始创新都需要一定的时间积累，当期的投入未必会转化为当期的专利申请活动。第二阶段（2010—2015 年）是石墨烯专利申请量的快速发展期，由 2010 年的 1473 件增加到 2015 年的 10750 件，参与国家也由 39 个增加到 57 个。第三阶段（2016—2019 年）是石墨烯技术创新活跃期，各国的研发投入持续增加，专利申请量与日俱增，特别是 2018 年，石墨烯专利申请量首次突破 2 万件。2019 年，石墨烯专利申请量骤减，主要原因在于，专利由申请到正式公布需要 18 个月，而检索时间为 2019 年年底，有很多专利申请数据到 2020 年甚至是 2021 年才会公布，因此专利申请数量大幅下降。

3.2.2 领先国家技术子领域发展演化

由于石墨烯在不同技术领域的分类标准不一，且不同技术领域的创新表现也不同，在文献研读和实际调研的基础上，本部分采用多轮逐一会谈、电话和邮件的形式听取相关学术界和企业界技术专家的意见。最终把石墨烯产业上游生产制备技术领域分为制备技术、表征技术、纯化技术、改性技术；产业下游应用选取最具潜能和实现量产的 14 个技术主题，分别与汽车、能源、材料、电子信息、节能环保几个领域相关，具体分类如表 3-2 所示。

表 3-2　　　　　　　　　石墨烯产业下游应用主题分类

石墨烯产业下游应用主题	所属领域
汽车	汽车领域
电池	能源领域
电容器	能源领域

续表

石墨烯产业下游应用主题	所属领域
碳纳米管	材料领域
复合材料	材料领域
纳米带	材料领域
热塑性塑料	材料领域
传感器	电子信息领域
集成电路	电子信息领域
液晶器件	电子信息领域
触摸屏	电子信息领域
晶体管	电子信息领域
透明电极	电子信息领域
生物装置	节能环保领域

通过分析数据发现，中国、美国、韩国和日本的石墨烯技术专利申请量位居世界前列，因此，本节依据发明人地址对石墨烯技术专利进行分类，统计不同时间段下石墨烯制备及应用共18个子领域的上述4国的专利申请量。为了消除每一个国家专利申请量差异较大对数据分析的影响，借鉴李贺等（2019）、康志勇（2018）和Costas等（2010）的研究，本研究应用四分位法对每个国家的石墨烯专利申请量进行分类，具体的分布情况如图3-4所示。

由图3-4可知，复合材料、碳纳米管、电池和改性技术一直是4国石墨烯产业研发的共同技术领域。韩国、美国和日本对于传感器的研发热度持续高涨，而对于热塑性塑料的研发热度总体下降。我国在透明电极、晶体管上的专利申请量持续降低，在液晶器件、集成电路、纳米带、生物装置、表征技术等的研发创新并未发生显著变化。为深入分析这4个国家在具体的石墨烯细分领域中的差别，本研究进一步对上述4国石墨烯技术子领域发展动态进行统计（见表3-3），并逐一展开讨论。

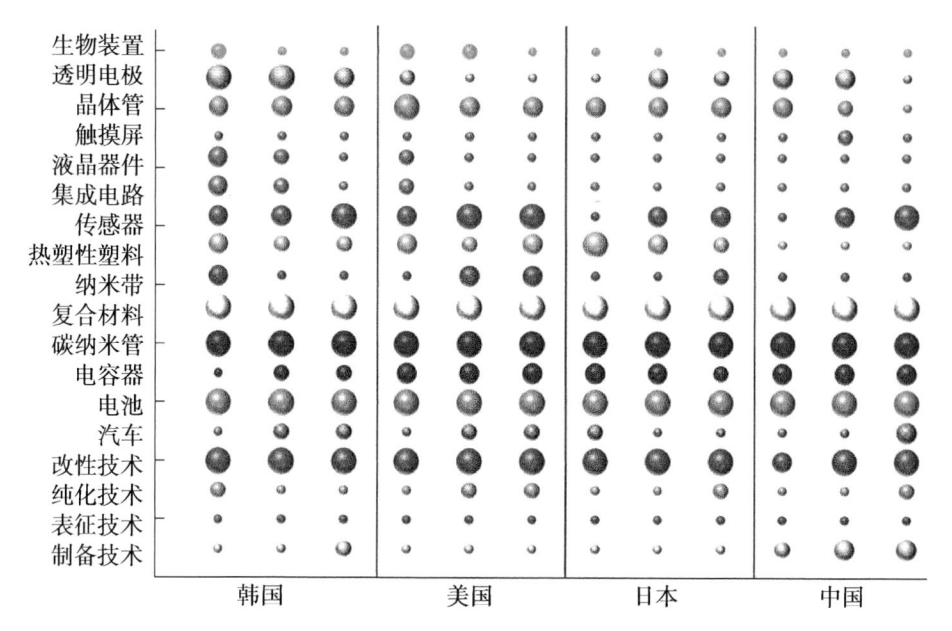

注：每个国家分布的3列数据依次代表第一阶段（2004—2009年）、第二阶段（2010—2015年）和第三阶段（2016—2019年）。

图 3-4　石墨烯技术领先国家子领域发展演化

3.2.2.1　韩国

由图 3-4、表 3-3 可知，韩国稳定发展的石墨烯技术领域有 7 个，逐步活跃领域有 4 个；同时，在产业下游 14 个技术领域中，有 6 个技术子领域（生物装置、纳米带、集成电路、液晶器件、热塑性塑料和透明电极）的专利申请量下降，传感器、汽车、电容器这几个技术子领域的专利申请量稳步增加，一种可能的解释是韩国正进入石墨烯技术研发的战略调整期，目前在一些领域尚未取得实质性突破。在研究期内，韩国石墨烯产业上游制备技术申请专利量上升，说明该国比较重视石墨烯生产制备工艺技术。与美国和日本相反，韩国的纯化技术专利申请量在第一阶段比较多，而后两个阶段的数量明显下降，并未表现出活跃性。

表 3-3　石墨烯技术领先国家技术子领域发展动态统计

领域发展动态	申请稳定领域 →	逐步活跃领域 ↗	关注下降领域 ↘	先降后升领域 ↘↗	先升后降领域 ↗↘
韩国 代码	#BZ、#GX、#2、#4、#5、#11、#12	#ZB、#1、#3、#8	#TC、#6、#7、#9、#10、#13、#14	—	—
韩国 统计	7	4	7	0	0
美国 代码	#ZB、#BZ、#GX、#2、#3、#4、#5、#11	#TC、#1、#6、#8	#9、#10、#12、#13、#14	#7	—
美国 统计	8	4	5	1	0
日本 代码	#ZB、#BZ、#GX、#2、#4、#5、#9、#10、#11、#12、#14	#TC、#6、#8	#1、#3、#7	—	#13
日本 统计	11	3	3	0	1
中国 代码	#BZ、#2、#3、#4、#5、#6、#7、#9、#10、#14	#ZB、#TC、#GX、#1、#8	#12、#13	—	#11
中国 统计	10	5	2	—	1

注：石墨烯产业下游技术子领域具体如下，#1 代表汽车；#2 代表电池；#3 代表电容器；#4 代表碳纳米管；#5 代表复合材料；#6 代表纳米带；7# 代表热塑性塑料；#8 代表传感器；#9 代表集成电路；#10 代表液晶器件；#11 代表触摸屏；#12 代表晶体管；#13 代表透明电极；#14 生物装置。石墨烯产业上游技术领域具体如下，#GX 代表改性技术；#TC 代表纯化技术；#BZ 代表表征技术；#ZB 代表制备技术。

3.2.2.2　美国

由表 3-3 可知，美国在石墨烯产业下游应用的 14 个技术子领域中，有 5 个技术领域（电池、电容器、碳纳米管、复合材料、触摸屏）的专利申请量始终保持稳定；有3个技术领域（汽车、纳米带和传感器）的专利申请量增长迅速；有5个技术领域（生物装置、集成电路、液晶器件、晶体管和透明电极）的专利申请量下降。热塑性塑料技术领域专利申请量在2010年至2015年有所下降，而后开始上升，说明美国石墨烯产业研发人员对该领域重点关注，长期、持久地研究，相关成果在第三阶段开始集中显现。另外，通过对比美国石墨烯技术子领域不同阶段，发现美国石墨烯产业上游4项技术中，改性技术、表征技术和制备技术专利申请量始终保持稳定；纯化技术的研发活动日渐活跃，专利申请量明显增加。

3.2.2.3　日本

日本石墨烯产业在晶体管、复合材料、碳纳米管、电池等几个技术领域的专利申请量一直较为稳定，在热塑性塑料、电容器、汽车几个技术领域的专利申请量有所下降，在传感器、纳米带等几个技术领域稳步提升。整体来看，日本在石墨烯不同技术领域的专利研发情况与美国最为相似。韩国、美国和中国对石墨烯在汽车领域研发热潮高涨之时，日本的专利申请量却在下降。可能的解释是，日本成熟的汽车制造业对石墨烯研发的帮助不容忽视，产业研发基础深厚，日本已经开始拥有该领域的知识产权经济红利。

3.2.2.4　中国

我国在石墨烯产业下游技术研发领域中，在传感器和汽车技术领域的专利申请量增长较快，在复合材料、碳纳米管和电容器技术领域的研发投入始终较多，导致专利申请数量始终保持高位。透明电极和晶体管技术领域的专利申请量下降趋势明显。一种可能的解释是，美、日、韩三国在晶体管、热塑材料等技术领域的相关研究已经相当成熟，导致我国在这些技术领域可申请的专利数量有限。尽管我国在集成电路、液晶器件等方面的专利数量始终处于低水平，但是汽车等产业化应用增幅明显，带动了我国石墨烯领域整体技术创新的提升。

通过对石墨烯技术领先国家不同子领域专利申请量动态变化的分析可知，虽然我国石墨烯技术专利申请数量很多，但仍然在很多方面与韩国、美国和

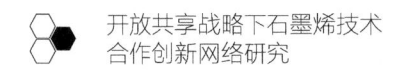

日本研发创新的重点方向存在差异。

3.2.3 领先国家市场扩张情况

在对石墨烯技术创新领先国家子领域发展演化分析的基础上，本部分重点讨论这些国家专利在国际市场的技术转移路线。本研究使用石墨烯专利家族数据表征技术创新领先国家在国际市场的技术转移路线。专利家族是指一组具有相同优先权的专利文献组在不同国家或地区间进行申请、公布和批准，也是企业进入不同国家或地区对自己知识技术创新的重要保护。因此，通过对同族专利申请国家的统计在一定程度上可以反映该专利在全球市场的扩展态势。本部分首先依据第一发明人地址来确定韩国、美国、日本和中国的石墨烯同族专利数量，然后按照每一个专利家族中专利号前两位国家代码确定每个专利家族的技术应用国；结合之前不同研究时段的划分方法，对不同时期石墨烯技术创新领先国家在全球市场的技术扩张情况进行讨论。

3.2.3.1 韩国

在第一阶段（2004—2009年），韩国共有238项专利族，有50项专利同时在美国申请，4项为国际专利。在第二阶段（2010—2015年），韩国共有5954项同族专利，在美国申请的专利最多，达到1155项，还有321项为世界专利；同时，在我国和欧洲专利局分别申请24项，在日本仅申请了16项，其余专利分别在欧洲不同国家进行申请。在第三阶段（2016—2019年），韩国共有3317项同族专利，其中在美国申请603项，364项为世界专利，在我国申请36项。通过韩国石墨烯专利族在全球市场扩张的情况可知，韩国石墨烯领域扩张主要集中在欧洲、美国、我国，在日本申请的专利数量较少。

3.2.3.2 美国

美国石墨烯技术专利族主要是向欧洲扩张。不同的是，前期在亚洲市场主要集中在日本，后期在我国的市场拓展速度很快。分时期来看，在第一阶段（2004—2009年），美国拥有石墨烯技术同族专利共442项。美国同时在世界知识产权局申请了 26 项，在欧洲专利局申请了 9 项；在亚洲国家中，主要是在日本的技术领域扩张，同族专利数达到 16 项。在第二阶段（2010—2015 年）和第三阶段（2016—2019 年），随着我国石墨烯技术创新水平的逐步提升，美国专利族向我国快速拓展，但主要还是以欧洲为主，日本在美国石墨烯技术创新扩张中的地位减弱，而美国向韩国的技术扩张始终处于低水平。

3.2.3.3 日本

与韩国技术扩张情况类似，日本在第一阶段（2004—2009 年）主要是针对欧美市场，特别是在美国的转移。随着欧洲和我国的石墨烯技术创新领域成果逐渐增多，在第二阶段（2010—2015 年）和第三阶段（2016—2019 年），日本专利族向这些国家的市场拓展速度很快。日本石墨烯专利研发机构重视美国市场的原因可能在于，日本石墨烯技术企业是美国石墨烯技术公司的子公司，更偏向于在美国市场布局。

3.2.3.4 中国

在第一阶段（2004—2009 年），我国石墨烯技术专利申请量共有 115 项同族专利，其中在台湾省申请了 10 项，在美国和韩国各申请了 3 项，还有 2 项为世界专利。此时，我国的石墨烯技术创新研发能力有限，市场扩展速度缓慢，整体处于研发积累时期。在第二阶段（2010—2015 年），美国是我国石墨烯专利族申请技术应用国排名第一的国家，第二位为世界知识产权专利局申请的同族专利，其余的专利族均在欧洲不同国家进行同步申请。此时，随着科研实力和相关产业的发展，我国石墨烯技术创新逐渐开始在国际上活跃，通过积极参与国际合作，市场逐渐向外扩展。在第三阶段（2016—2019 年），我国申请世界知识产权局专利 824 项，欧洲国家和美国已经逐渐成为我国石墨烯技术创新扩散的主要市场；同时，我国与韩国和日本两国的联系相对较少，市场拓展在这两个国家进程缓慢。整体而言，我国石墨烯技术扩张战略是全球技术扩张，重点拓展方向是欧洲和美国市场。

3.3 基于石墨烯学术文献的多学科融合发展特征分析

3.3.1 研究方法与数据收集

科学知识图谱是基于文献等相关数据，通过将数据可视化表达，对研究对象进行的一种动态和多维的分析方法。本研究通过检索 Web of Science（WOS）数据库和中国知网（CNKI）中关于石墨烯的相关文献，深入分析和讨论石墨烯多学科交叉研究情况。由于石墨烯是 2004 年首次被制备成功的，因此文献检索的初始时间为 2004 年，终止日期为 2019 年。虽然在数据库中利用主题词检索可以得到较为全面的数据，但是由于存在有些文献可能不是学术期刊论文、重复检索等问题，笔者对所获数据进行了筛选，最终确定外文文献 71095 篇，中文文献 5507 篇。

3.3.2 外文文献

学界有关石墨烯的相关研究主要是集中在外文文献，中文文献检索数仅占总数的约 7.2%。因此，本研究首先对石墨烯技术领域外文文献历年发文量进行分析，如图 3-5 所示。

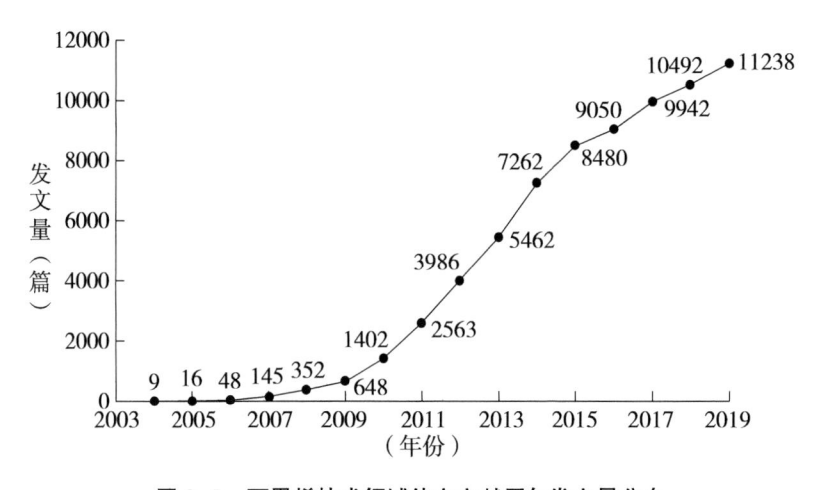

图 3-5 石墨烯技术领域外文文献历年发文量分布

由图 3-5 可知，在研究期内，国外期刊有关石墨烯技术的相关文献发表数量逐年增多，呈指数型趋势上涨，大致可以划分为三个阶段。具体来看，2004—2009 年是第一阶段，该阶段的石墨烯技术相关研究属于萌芽起步阶段。自 2004 年单层石墨烯被成功制备后，石墨烯技术领域的相关研究开始逐渐增多，主要是针对石墨烯某些物理或化学指标进行研究。2010—2015 年是第二阶段，石墨烯的各种优异性能在该时期被挖掘，相关研究也越来越多；特别是 2010 年诺贝尔物理学奖授予了英国曼彻斯特大学的安德烈·海姆和康斯坦丁·诺沃肖洛夫，以表彰他们在石墨烯材料方面的卓越研究，更是在全球掀起了石墨烯技术相关研究的高潮。2016—2019 年属于第三阶段，这一时期是石墨烯技术研究领域快速发展的活跃期，无论是石墨烯材料，还是工艺制备以及终端产品的相关研究都呈现井喷式增长。2018 年，石墨烯技术领域相关文献发表数量首次突破万篇，到 2019 年，发文量达到 11238 篇，增长 7.11%。从石墨烯技术领域外文文献数据可以看出，未来石墨烯相关研究仍将是学术热点，这不仅有利于推动石墨烯相关产业的原始创新，研究领域的不断拓展，而且有利于技术创新产业化，加速石墨烯相关产品的应用，提升石墨烯的经济价值。

在对外文文献总量分析的基础上，进一步对外文文献具体的学科分布进行分类，发现外文文献的主要研究方向为科学技术、环境科学、医药科学、高分子材料等多学科应用，其中，Physical Chemistry（物理化学）、Applied Physics（应用物理）等占比最高；Energy Fuels（能源燃料）、Polymer Science（高分子科学）、Materials Science Coatings Films（涂料与薄膜材料）、Engineering Environmental（环境工程）、Optics（光学）等学科的外文文献数量也在逐步增加，电、光、热、磁及机械等功能不断深入研究，其应用领域也越来越多。目前，国外的研究主要集中在化学工程、光学器件、复合材料和生物应用等领域。同时，科学界在海洋淡水生物学、数学计算生物学、农产品综合学科等相关领域的文献数量也有所增加，这意味着石墨烯的应用领域在不断拓展。

3.3.3　中文文献

图 3-6 是石墨烯技术领域中文文献历年发文量统计。

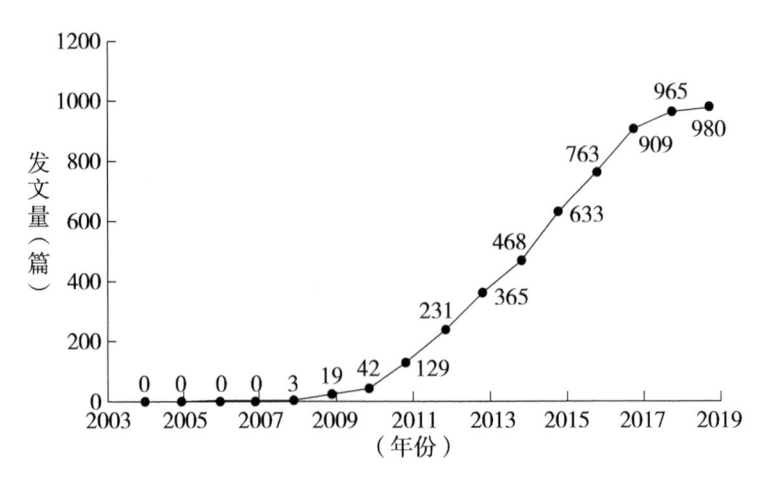

图 3-6　石墨烯技术领域中文文献历年发文量分布

由图 3-6 可知，国内关于石墨烯技术领域的相关研究起步较晚，2008 年中文期刊才开始有第一篇文章。此后，国内石墨烯技术领域的相关研究迅速发展，从 2008 年的 3 篇，增长到 2019 年的 980 篇。但相比于外文文献而言，国内的研究相对滞后。主要原因可能是我国学者在石墨烯技术领域的相关研究在国际上已经处于第一梯队，善于在国际期刊上发表相关学术成果，贡献中国智慧。分阶段来看，2008—2010 年属于第一阶段，在这一时期，中文文献关于石墨烯技术领域的相关研究非常少；2011 年以后，国内与石墨烯相关的研究开始逐渐增多，学术论文也大幅增加；2019 年，石墨烯技术领域相关研究的中文文献已经接近 1000 篇。

接下来对国内石墨烯文献学科进行统计，并依据《中国图书馆分类法》对文献进行划分，具体如表 3-4 所示。

由表 3-4 可知，国内石墨烯领域文献主要集中在化学工业（占比 23.37%）、数理科学和化学（占比 23.00%）和一般工业技术（占比 22.96%），其余学科占比均低于 10.00%，甚至矿业工程、原子能技术、水利工程占比仅为 0.01%。整体来看，与国外文献学科分布类似，国内有关石墨烯领域的研究也都涉及工学、机械、材料等相关学科，具有显著的多学科融合特征。

表 3-4　　　　　　　　石墨烯技术中文文献主要学科分布

学科分类	文献数（篇）	所占百分比（%）	学科分类		文献数（篇）	所占百分比（%）
F 经济	156	1.85		TE 石油、天然气工业	41	0.48
G 文化、科学、教育、体育	49	0.58		TG 金属学与金属工艺	78	0.92
O 数理科学和化学	1945	23.00		TH 机械、仪表工业	21	0.25
P 天文学、地球科学	10	0.12		TJ 武器工业	3	0.04
Q 生物科学	12	0.14		TK 能源与动力工程	10	0.12
R 医药、卫生	236	2.79	T 工业技术	TL 原子能技术	1	0.01
S 农业科学	24	0.28		TM 电工技术	651	7.70
U 交通运输	37	0.44		TN 电子技术、通信技术	212	2.51
V 航空、航天	11	0.13		TP 自动化技术、计算机技术	354	4.19
X 环境科学、安全科学	431	5.10		TQ 化学工业	1976	23.37
				TS 轻工业、手工业、生活服务业	186	2.20
T 工业技术	TB 一般工业技术	1941	22.96	TU 建筑科学	68	0.80
	TD 矿业工程	1	0.01	TV 水利工程	1	0.01

3.4　基于石墨烯申请专利的子领域发展趋势分析

专利不仅是一项对技术创新进行法律保护的重要工具，也是国家间、企业间进行科技竞争的重要手段。专利通过法律保障和经济报酬的形式促进人类的科学技术共同进步。由于石墨烯在不同技术领域的分类标准不一，且其在不同技术领域的创新表现也不同，接下来在之前石墨烯技术创新分类的基础上，对子领域申请专利进行特征分析。

3.4.1 检索策略制定

运算逻辑规则遵从 Innography 的规则，利用 AND、OR、NOT 等布尔逻辑运算符整合石墨烯技术专利检索策略，具体检索策略及检索方式详见表 3-5。为保持研究的逻辑性和关联性，本小节选取的时间跨度和划分的时间阶段与上文一致。具体检索日期为 2020 年 5 月 14 日。

3.4.2 数据下载及整理建库

Innography 可以将创建的不同检索策略进行 AND（并且）、OR（或者）、NOT（非）组配。为保证检索数据的全面，本研究在对"石墨烯"这个专业术语进行检索时，选用标题、摘要和权利项目进行检索。同时，为避免重复检索，本研究对 4 类技术检索后通过 NOT 组配来删除重复专利，如将制备技术检索策略设定为 #1，表征技术为 #2，纯化技术为 #3，改性技术为 #4，检索制备技术检索式组配为 #1 NOT #2 NOT #3 NOT #4，其他 3 类检索策略类似。由于产业下游 14 个应用主题并不能反映全体石墨烯应用领域，因此这 14 项不进行 NOT 组配。为避免重复和提高精确性，结合专利家族中的专利具有相同技术点，本研究选择简单同族 Simple（EPO）Family 合并（即在不同专利局申请的专利只要要求的所有优先权一致便定义为同一项专利）。本研究的研究对象主要是合并重复优先权的石墨烯技术专利家族，因此后面提到的专利申请总量均是合并了专利家族的数量。此外，为得到石墨烯技术领域申请专利总量，又将石墨烯制备研发 4 类技术领域和石墨烯产业下游产品 14 个应用主题进行 OR 组配，并通过与专业术语"石墨烯"的检索式与这 18 类技术主题进行 AND 组配。

第3章 石墨烯技术创新发展态势

表 3-5 石墨烯技术领域主题及检索策略

技术分类（代码）		关键技术主题	技术子领域检索策略（@（abstract, claims, title）（graphene）NOT（grapheme or graphane or grapheyne or graph or graphs））AND（@datefiled from 01/01/2004 to 12/31/2019）	具体组配策略	最终申请数量（项）
石墨烯产业上游生产制备技术	制备技术（#ZB）	石墨烯、制备、微机械剥离法、外延生长、电弧放电、化学气相沉积、氧化石墨温还原、有机合成、氧化石墨、富勒烯法、共燃烧法、热解碳化法、溶液化学法	（@（abstract, claims, title）prepar* OR synthesis OR production OR（graphite AND exfoliat*）OR（epitaxial AND growth）OR "arc discharge" OR "chemical vapor deposition" OR CVD OR（"graphite oxide" AND "high temperature reduction" or "organic synthe*" or "graphite oxide" or "go" or "fullerene*" or "co-combustion" or "co-firing" or "carbonization" or "pyroly" or "solution chemical"））AND（@datefiled from 01/01/2004 to 12/31/2019）	#0 AND #ZB	2875
	表征技术（#BZ）	扫描电子显微镜、透射电子显微镜、原子力显微镜、红外线分光镜、X射线衍射、拉曼光谱、紫外可见吸收光谱、红外光谱、热重分析	（@（abstract, claims, title）"scanning electron microscop*" OR SEM OR "transmission electron microscop*" OR TEM OR "atomic force microscope" OR AFM OR "X ray diffraction" or XRD or "infrared photographic equipment spectroscop*" OR "raman spectroscop*" or "raman spectr*" OR "raman scattering" or "raman spectrometry" or "ft raman" or "infrared spectroscop*" OR FTIR OR "ultraviolet and visible specrophotometry" OR UV-VIS OR "uv vis absorption spectrum" or "ultraviolet visible absorption" or "thermal gravimetric analyzer" or TGA or "FLA*" or "thermal conduction analysis instrument"）AND（@datefiled from 01/01/2004 to 12/31/2019）	#0 AND #BZ	312
	纯化技术（#TC）	纯化、隔离、分馏、分散、剥离、插层、膨胀等技术	（@（abstract, claims, title）purify* OR depurate* OR sublimat* OR seperat* OR isolat* OR segregat* OR dissociat* OR fractionat* OR split OR dispers* or insulat* or fractionat* or strip* or peel* or exfoliat* OR intercalat* or expans* or swell*）AND（@datefiled from 01/01/2004 to 12/31/2019）	#0 AND #TC	2332

055

续表

技术分类（代码）	关键技术主题	技术子领域检索策略	具体组配策略	最终申请数量（项）
石墨烯上游产业生产制备技术	改性技术 (#GX)	还原、改性、移植、热解、溶解、成型、化学修饰、掺杂、表面官能化和生成衍生物等技术	(@(abstract, claims, title) modif* OR fill* OR graft* OR functionaliz* or reduc* or pyroly* or thermolysis* or dissol* or solut* or forming or molding or shaping or chemical* OR modifi* or dope* or doping or "surface* functionalization" or "functionalization of a polymer surface" or derivative) AND (@datefiled from 01/01/2004 to 12/31/2019)	#0 AND #GX	14257
石墨烯下游产品应用主题	汽车领域	汽车 (#1)	(@(abstract, claims, title)(automobile* or vehicle* or autocar* or "motor car" or car)) AND (@datefiled from 01/01/2004 to 12/31/2019)	#0 AND #1	3159
	能源领域	电池 (#2)	(@(abstract, claims, title)(batter* or cell*)) AND (@datefiled from 01/01/2004 to 12/31/2019)	#0 AND #2	24814
	能源领域	电容器 (#3)	(@(abstract, claims, title)("capacitor*" or "condenser*")) AND (@datefiled from 01/01/2004 to 12/31/2019)	#0 AND #3	4232
	材料领域	碳纳米管 (#4)	(@(abstract, claims, title)("carbon nanotube*" or CNT or (carbon NEAR/2 nano*))) AND (@datefiled from 01/01/2004 to 12/31/2019)	#0 AND #4	22341
	材料领域	复合材料 (#5)	(@(abstract, claims, title)((composite* NEAR/3 material*) or polystyrene or "silicon wafer" or copper or nickel or (graphene NEAR/3 matrix))) AND (@datefiled from 01/01/2004 to 12/31/2019)	#0 AND #5	35447

续表

技术分类（代码）		关键技术主题	技术子领域检索策略	具体组配策略	最终申请数量（项）
石墨烯产业下游产品应用主题	材料领域	纳米带（#6）	（@（abstract, claims, title）（graphene）NOT（grapheme or graphene or graph or graphs））AND（@datefiled from 01/01/2004 to 12/31/2019）@（abstract, claims, title）（nanoribbon* or（nano NEAR/3 ribbon*）or GNR or（("nano-graphite" or "nano-graphene" NEAR/3 ribbon*））AND（@datefiled from 01/01/2004 to 12/31/2019）	#0 AND #6	798
	材料领域	热塑性塑料（#7）	@（abstract, claims, title）（thermoplast* or thermosoft*）AND（@datefiled from 01/01/2004 to 12/31/2019）	#0 AND #7	2390
	电子信息领域	传感器（#8）	（@（abstract, claims, title）（sensor*））AND（@datefiled from 01/01/2004 to 12/31/2019）	#0 AND #8	8123
	电子信息领域	集成电路（#9）	（@（abstract, claims, title）（((integrat* or monolithic) NEAR/5 circuit*) or IC or chip* or microchip*））AND（@datefiled from 01/01/2004 to 12/31/2019）	#0 AND #9	5432
	电子信息领域	液晶器件#10	（@（abstract, claims, title）（(liquid NEAR/2 crystal) or LCD））AND（@datefiled from 01/01/2004 to 12/31/2019）	#0 AND #10	1529
	电子信息领域	触摸屏（#11）	（@（abstract, claims, title）（touch* NEAR/5 screen*））AND（@datefiled from 01/01/2004 to 12/31/2019）	#0 AND #11	1065
	电子信息领域	晶体管（#12）	（@（abstract, claims, title）（transistor* or FET or BJT））AND（@datefiled from 01/01/2004 to 12/31/2019）	#0 AND #12	2360

续表

技术分类（代码）	关键技术主题	技术子领域检索策略	具体组配策略	最终申请数量（项）
石墨烯产业下游产品应用主题	电子信息领域	透明电极（#13）	（@（abstract, claims, title）（graphene）NOT（grapheme or graphane or graphyne or graph or graphs））AND（@ datefiled from 01/01/2004 to 12/31/2019）	
			（@（abstract, claims, title）((transparent* NEAR/3（electrode* or film*））or TCF））AND（@datefiled from 01/01/2004 to 12/31/2019）	#0 AND #13	2709
	节能环保领域	生物装置（#14）	（@（abstract, claims, title）（DNA or biodevice* or biodevise*））AND（@datefiled from 01/01/2004 to 12/31/2019）	#0 AND #14	843
石墨烯技术子领域总量专利检索式		#0 AND（#ZB OR #BZ OR #TC OR #GX OR #1 OR #2 OR #3 OR #4 OR #5 OR #6 OR #7 OR #8 OR #9 OR #10 OR #11 OR #12 OR #13 OR #14）		103595
石墨烯依照专利权人联合申请检索式		#0 AND（#ZB OR #BZ OR #TC OR #GX OR #1 OR #2 OR #3 OR #4 OR #5 OR #6 OR #7 OR #8 OR #9 OR #10 OR #11 OR #12 OR #13 OR #14）inno_multiowner		6710

3.4.3 分类统计分析

通过对数据的整理，统计出全球石墨烯技术专利总量为103595项，有96个国家参与研发申请，其中合作申请的专利共计6710项，具体各类技术领域数量如表3-6所示。

表3-6　　　　　　　　　全球石墨烯专利分类统计

石墨烯技术类别	具体检索数量（项）	石墨烯技术类别	具体检索数量（项）
制备技术	2875	纳米带	798
表征技术	312	热塑性塑料	2390
纯化技术	2332	传感器	8123
改性技术	14257	集成电路	5432
汽车	3159	液晶器件	1529
电池	24814	触摸屏	1065
电容器	4232	晶体管	2360
碳纳米管	22341	透明电极	2709
复合材料	35447	生物装置	843
石墨烯技术专利总量	103595	合作申请总量	6710

由表3-6可知，全球石墨烯产业技术创新领域中，处于产业链上游的制备技术专利申请量为2875项。可能的原因在于，实验室研发中虽然可以成功生产出单层石墨烯，但在量产时出现纯度不稳定和多层重叠，质高价优的批量生产技术仍未实现。表征技术为石墨烯制备的辅助技术，其专利申请数量仅为312项，在所有子领域中数量最少。表征技术主要用于扫描电子显微镜、透射电子显微镜、原子力显微镜、红外线分光镜等设备的制造，主要是进行工艺流程创新，对专利特别是发明专利的申请诉求较少。纯化技术专利申请数为2332项，在总申请量中占比不高，这在一定程度上反映了受目前纯化技

术水平所限，制备出的石墨烯产品质量不高。复合材料专利申请量为 35447 项，在所有子领域中数量最多。传统材料在高温、导热导电、高强等方面的潜力已经达到了极限，目前利用已有技术提升传统材料性能有限且应用成本高，而石墨烯优异的性能能使传统材料焕发新的生机。通过石墨烯移植、掺杂和表面官能化等技术改进塑料、橡胶、沥青等工业材料在电、磁、耐老化、阻燃、机械性能等诸多方面的性能，使常规材料在特殊环境条件下仍然可以被高效利用，进而推动相关材料的研发创新。石墨烯改性技术专利申请量为 14257 项，石墨烯改性技术主要用于航空航天领域，改性技术专利申请量的上升，加速了航空装备、储能储电设备等主干材料和关键材料的升级换代。在产业下游与改性技术对应的材料领域中的碳纳米管研发也比较活跃，专利申请量达到 22341 项，在所有子领域中排名第三，说明石墨烯碳纳米管相关研发属于研究热点，相关的成果也比较丰富。电池申请专利量为 24814 项，这反映出科研人员对储能节能领域的电池关注度也比较高，石墨烯基材料应用到电池正负极或作为添加剂的应用较为广泛，技术创新发展较快。

3.5　本章小结

本章首先基于经济数据讨论了石墨烯产业发展现状，结果发现，虽然石墨烯产业发展迅速，产业规模呈爆发式增长，但主要集中在美国、中国、欧盟、英国、韩国和日本这六个国家或地区。其次，基于 Innography，依次对石墨烯技术专利申请总量、各子领域的发展演化情况和领先国家市场扩张情况进行分析，结果发现，我国石墨烯技术领域创新在近些年取得了长足的进步，市场拓展主要针对欧盟和美国；而同处东亚地区的日本和韩国的石墨烯技术创新与我国的联系程度不紧密。再次，基于石墨烯学术文献分析了该领域多学科交叉融合特征，从外文文献分析结果来看，目前石墨烯相关研究主要集中在高分子材料、医药科学等领域，其中物理化学和应用物理等所占比重最高，具有明显的多学科融合特征；从中文文献分析结果来看，2010 年以后，国内的石墨烯相关研究开始逐渐增多，学术论文也大幅增加，到 2019 年，研究文献已经接近 1000 篇。文献主要集中在化学工业、数理科学和化学、一般工业技术，与国外文献分布类似，国内有关石墨烯领域的研究也都涉及工学、机械、材料等相关学科，具有显著的多学科融合特征。最后，对石墨烯各子领域发展进行分析，复合材料、碳纳米管、电池、改性技术等是技术创新的热点领域，这使石墨烯技术创新推动了常规材料在特殊环境条件下的高效利用，加快了航空装备、储能储电设备等主干材料和关键材料的升级换代，推动了电池等相关领域的应用与发展，特别是对新能源产业起到了促进作用。

第4章
石墨烯技术合作创新机理研究

由于石墨烯技术创新涉及多个学科，对研究人员的知识结构和储备要求较高，使该行业的创新发展从单纯依靠组织自身力量进行知识创新，逐渐转变为综合利用内部和外部资源进行科技创新。石墨烯技术合作创新通过获取外部创新资源可以降低单个组织的研发风险，提高技术创新成功率。因此，在石墨烯技术研发过程中存在较多的国际化合作需求，形成石墨烯技术合作全球创新网络是石墨烯产业发展的必然结果。基于张丰等（2019）、臧红岩等（2019）和尹聪慧等（2018）学者的研究，以及石墨烯组织合作情况的分析，本研究将石墨烯技术合作创新网络定义为：由石墨烯企业、高等院校、科研院所、金融机构、中介机构、孵化器和非政府组织等相关组织机构组成，以资源共享和风险共担为基础，通过优势互补加速知识溢出进而推进产业技术创新的动态开放网络模式。简而言之，石墨烯技术合作创新网络就是围绕石墨烯产业进行相关研究与开发的各种创新组织间建立的一种合作关系网，通过网络加速石墨烯产业技术创新。

通过上一章分析石墨烯技术创新发展态势可知，不管是学术界还是产业界，石墨烯组织合作深度和广度不断提升，跨学科特征明显。因此，石墨烯技术合作创新是一个开放的复杂系统。石墨烯产业创新组织间都保持开放合作的状态，使科研成果不断增多，特别是共同申请专利数量和科研论文数量，合作网络中的成员通过知识溢出使网络内创新组织为实现共同利益目标而相互协作。本章重点对石墨烯技术合作创新研发合作机制、知识交流机制和绩效影响机制进行梳理，并提出石墨烯技术合作创新机理集成模型。

4.1 研发合作机制

4.1.1 动力分析

4.1.1.1 石墨烯产业国际化发展政策和制度环境的引导作用

作为新材料领域的新星，石墨烯因其在强度、导热、导电等多方面具有显著优势，可广泛用于航空航天、新能源、生物医药等领域。世界上很多国家已经开始从战略上对石墨烯产业进行部署，以期通过发展石墨烯产业进一步推动高技术产业发展，加速构建本国在世界产业链中的竞争优势。

2013 年，美国成立石墨烯利益相关者协会（GSA），旨在促进国际交流合作，支持和鼓励高等院校、科研机构和企业在石墨烯领域开展技术合作、教育培训和科学交流，促进该产业学术研究和技术创新。韩国的三星电子、LG 等企业在晶体管、电子元器件、薄膜制备等方面的研究和产业化成果丰富，也积极参与了英国和欧洲的石墨烯相关科研计划。2013 年，中国石墨烯产业技术创新战略联盟（CGIA）正式成立，旨在通过搭建公共科技服务平台，促进石墨烯产学研紧密结合，进而提升我国石墨烯产业整体创新水平。2015 年 9 月 29 日，国家制造强国建设战略咨询委员会正式发布《〈中国制造 2025〉重点领域技术路线图（2015 版）》，指出石墨烯材料集多种优异性能于一体，是主导未来高科技竞争的超级材料。此外，自 2014 年起，我国开始举办中国国际石墨烯创新大会，以促进石墨烯产业内行业专家和研究学者交流，加速石墨烯相关技术在科研和应用上的知识共享。到 2024 年，大会已经连续举办了 11 届。这些发展政策和整体的制度环境有效引导了国际创新资源和主体对石墨烯的研究及应用领域的合作开展，促成了长期稳定的合作关系，从而实现了以创新为导向的合作网络关系良性循环，推进石墨烯产业全球技术合作创新网络形成。

4.1.1.2 应对研发风险、获取互补资源和实现互利共赢战略目标的推动作用

石墨烯技术复杂程度较高，涉及学科领域广泛，在研究、开发和产业化过程中投入的创新资源较多；同时，受行业前景等多方面因素影响，石墨烯创新产出不确定性较高。如果创新组织或个人单纯依靠自身资源禀赋从事研发活动，则失败的风险将会大大增加，甚至可能超出其承受能力。所以，石墨烯产业技术合作创新通过构建研发网络，可以共享知识、资金、技术等资源，共担科研风险、共享研发成果，充分发挥知识正外部性，提高研发成功的概率。同时，基于信任基础的石墨烯技术合作创新网络构建，能够增强网络成员间的联系，有利于知识互补，通过发挥网络效应形成成员间互利共赢的良性循环。石墨烯技术创新主体为了降低自身的研发风险，获取外部创新资源，也有积极性同其他创新组织或个人合作研发。此外，在石墨烯技术创新的过程中，创新主体共同投入、共同参与、共担风险，不仅能实现知识资源、关系资源、信息资源等的交流和反馈，也能进一步推进石墨烯产业创新网络向稳定、高效率、可持续的方向发展。

4.1.1.3 石墨烯技术创新资源国际化流动的支持作用

知识、资本、人才等创新资源对产业创新发展很重要，特别是对具有重要战略意义的石墨烯产业尤为重要。实际上，受经济发展阶段、区位条件等多种因素的影响，各国或各地区产业结构存在较大差异，对石墨烯产业的投入和需求参差不齐，这就导致单纯依靠某个国家或地区的创新资源难以推动整个产业发展，这也促进了国家与国家间、国家与地区间的科研院所、企业等创新组织开展跨地区甚至是跨国界的技术交流与合作研发，加速石墨烯产业创新资源在全球的流动。创新资源的空间流动也是资源的再配置过程，资本、人才等资源的跨地区流动，增强了创新主体间的交流机会，促进了知识溢出，特别是在形成技术合作创新网络后，石墨烯产业创新资源的流动方式将由线性向网络化转变。一方面，技术合作创新网络的形成加速了资源的网络化流动，有利于网络成员开展合作研发；另一方面，不同成员间联系程度

的不断增强，有利于整体合作网络的完善和发展。因此，石墨烯产业全球技术合作是实现石墨烯创新资源优化配置和产业高质量发展的必然选择。

4.1.1.4 全球经济科技一体化趋势的促进作用

当今世界正处于百年未有之大变局，全球新一轮科技革命和产业变革蓄势待发，多数国家根据本国国情制定了相应的产业振兴战略规划。以人工智能、大数据、云计算、石墨烯技术等为代表的前沿领域科技创新将从根本上改变现有技术路径、商业模式、产品形态，这对于国家或地区的未来经济发展具有重要影响。随着经济一体化和知识经济的不断深化，国家间经济联系的不断增强会带动国家或地区内的高校、科研机构和企业的交流与合作，使石墨烯产业创新资源不断流动，有利于产业科技创新、商业化应用和产品迭代，进而形成超越地理边界的跨区域技术合作创新网络。同时，网络的形成又进一步增强了对这种资源流动的需求，形成正反馈效应。

4.1.2 信任关系

石墨烯产业技术创新主体间的信任关系建立与不断巩固，是持续开展创新合作的基本前提和重要基础。石墨烯产业是目前世界上最薄且最坚硬的纳米材料，产业发展前景广阔；同时，石墨烯技术合作创新复杂程度较高，石墨烯薄膜、粉末、制备等产业链环节的不同创新主体基于信任开展技术合作创新可以提高创新资源的配置效率和研发成功率，降低因信息不对称而导致的风险问题。研究石墨烯产业创新主体间博弈，分析信任的形成、基于信任的合作创新机制建立及信任管理机制等均十分重要。

4.1.2.1 信任的形成

在石墨烯创新主体于科技成果研发、孵化和转化等领域开展合作的过程中，信任影响着不同创新主体的选择。创新主体在进行伙伴选择或交易时，往往基于合作伙伴或交易伙伴的信任程度，而不是收益。即使技术合作创新的收益很高，但一旦合作伙伴的信用不高，就很有可能导致技术合作创新产生重大损失。

在石墨烯技术创新主体联合研发初期，参与的各方需要建立一种暂时性的信任关系，这种信任关系类似于相互试探性质，有利于创新组织开展技术合作创新，加速知识、信息等要素在不同创新主体间的流动。然而，这种信任关系的稳定性较差，难以形成有效的沟通机制。

在实际的技术合作创新中，石墨烯技术创新主体间的合作次数有限，特别是刚进行研发合作时，不管是机构还是个人，重复博弈的机会并不多。因此，存在严重的信息不对称情况。只有合作各方不断地进行研发合作，才能进一步加深彼此间的了解。随着信任程度的不断提升，基于信任关系的技术研发合作日益增多，在此过程中，技术创新主体间会逐渐建立沟通机制，包括正式沟通和非正式沟通，前者主要是指基于信任所建立的各种合作伙伴关系，通过一系列制度安排对研发各方的权利义务进行明确，并建立对应的奖惩措施，维护技术合作创新的持久性；后者则主要是指电话、邮件、社交软件等非正式的交流。非正式沟通是正式沟通的有效补充，石墨烯技术创新主体通过非正式沟通往往能获取更多的异质性知识，加速组织创新。

4.1.2.2 基于信任的合作创新机制建立

信任是石墨烯产业技术合作创新的基础，而对于信任的管理则是参与各方为保持长期的研发合作作出的一系列制度安排。基于信任关系的联合研发可以更好地使参与各方相互学习，通过榜样、知识溢出等效应，提升参与各方的学习能力，进而加速产业创新。然而，基于信任的联合研发并不能消除所有研发风险，虽然参与主体变多，但未来仍有较多的不确定性。因此，不仅需要对创新成功产生的利润分配方案进行明确，而且需要对万一联合研发失败所产生的损失进行说明，并对承担比例和额度进行明确。

因此，在石墨烯技术合作创新过程中，为了保持联合研发的连续性，需要对合作创新机制进行管理，增加可以增进信任关系的有利因素，降低不利因素，从制度建设上最大限度地维持合作创新。

4.1.2.3 信任管理机制

石墨烯产业技术创新主体联合研发具有一定的偶然性，通常是基于技术相似性或研发人员间的交流而建立的，这种信任关系并非一成不变。虽然建立了相关的规则进行管理，但在实际的合作过程中也会出现问题。因此，需要不断完善信任管理机制，调解联合研发可能产生的问题和矛盾，为合作提供体制机制保障。信任管理既可以由石墨烯组织机构本身对合作研发活动进行全面评价，也可以委托第三方对联合研发进行评价，进而确定合作创新的价值，并对未来是否继续合作进行判断。委托第三方评估的优势在于，评价的结果可能比参与方各自评价更为科学、全面，接受程度也更高，避免因各方利益不同而导致评估结果出现较大偏差。

4.1.3 利益分配

由于石墨烯产业技术合作创新利益分配与成员的性质、规模等有密切关系，企业之间的联合研发与校企的产学研合作在利益分配上可能有较大差异。然而，不管是哪种组织形式，利益分配方式都可以主要分为定额分配、比例分配和混合分配（定额分配＋比例分配）。

4.1.3.1 定额分配

定额分配是指在石墨烯产业技术合作创新主体间作事前约定，各参与方针对研发成功产生的收益或因研发失败产生的成本进行固定分担的说明。例如，有3家组织在联合研发石墨烯技术前确定了采用定额分配方式，其中有2家是固定获得各2000万元收益，最终该项技术创新商业化之后的收益为1亿元，那么这2家组织还是各得到2000万元收益。定额支付方式及具体的价格可以由石墨烯合作研发各方共同商定，也可以通过第三方机构基于合作创新投入、管理水平等综合评定。在这种利益分配方式下，技术合作创新参与各方中肯定有一些对风险比较厌恶的组织，这些组织通过定额分配达到"旱涝保收"的目的，而将技术创新产业化的风险转嫁给其他组织。在实际的研发合作中，高校、科研机构或个人的风险承担能力和产品商业化能力较低，偏好定额分配；而企业，特别是产业化实力较强的科技型企业，则不倾向采用定额分配方式。

4.1.3.2 比例分配

比例分配是指在石墨烯产业技术合作创新主体间作事前约定，各参与方针对研发成功产生的收益或因研发失败产生的成本，根据投入情况按约定比例进行成本分担或利润共享的分配方式。各参与方可以按照创新成果商业化后产生的利润进行分配，也可以根据销售额等具体比例分配标的物来协商确定。与定额分配相比，按比例分配更有利于激发石墨烯技术合作创新参与方的积极性，原因在于，采用比例分配后石墨烯技术合作创新组织的最终收益不再确定，而是与合作创新的最终受益挂钩。如果采用定额分配，虽然在很大程度上能规避创新成果产业化所面临的风险，但也正因为其固定，一些参与方可能在实际合作过程中积极性会下降，进而不利于合作创新。在实际的技术合作创新过程中，如果参与方间的资源互补性较强，在技术研发和产业转化方面联系较为紧密，则采用比例分配比较适宜。

4.1.3.3 混合分配

混合分配是指将定额分配和比例分配相结合的一种利益分配方式。在混合分配方式中，石墨烯技术合作创新组织根据事前约定，合作各方的收益方式并非固定，可能在合作前期由于技术创新复杂程度较高，未来的收益高度不确定，为了规避风险，有些参与方的收益是固定不变的。随着技术合作创新的持续，不同创新组织间的关系日益密切，而技术持续创新需要进一步提升参与方的积极性，此时，就需要采用比例分配对技术创新收益进行分配。在实际的合作创新过程中，高校和科研机构是风险厌恶型，而企业相对是风险偏好型。在技术合作创新初期，企业为吸引其他企业、高校、科研机构等组织参与，都会对其前期的投入进行一定的风险补偿，此时技术创新成果还不明确，高校和科研机构会倾向选择定额分配。如果合作创新持续进行，形成类似石墨烯创新联盟这样的组织，则说明各参与方的投入已经比较大了，此时，各参与方的积极性已经被调动，分配方式也将由定额分配变为按比例分配。

4.2 知识交流机制

石墨烯产业技术合作创新网络中的创新主体通过网络嵌入，获取异质性创新资源，这既有利于创新主体将内部创新资源和外部创新资源相结合，通过知识共享和协同，提升自身创新水平，也有利于创新主体之间的交流，特别是研究人员的交流，增强对外部资源的吸收和转化能力，加快形成新的科技成果。

本节基于吸收能力理论，将知识创新过程划分为知识获取与识别、知识吸收、知识转化和知识创造四个环节，深入讨论技术合作创新网络影响下的知识交流机制。

4.2.1 知识获取与识别

知识获取与识别是指石墨烯产业技术合作创新网络成员对外部创新性知识的可得性，以及对所获资源中有价值信息的甄别。如何通过获取与甄别知识，利用合作网络中有价值的知识，进而保持、提升竞争优势，是创新组织技术战略制定的核心。不管是高校、科研院所还是企业，不断提升自身竞争优势都是其发展的使命。拥有创新性知识和技术是创新组织保持竞争优势的关键，而知识获取与识别关系到创新组织拥有资源的数量和质量，最终对技术创新产生重要影响。实际上，竞争优势的构建首先是要获取创新性知识，只有识别出对自身技术创新有价值、有意义的知识，才能利用知识甚至创造知识。本研究研究的是技术合作创新网络影响下的知识获取与识别，此时，知识获取与识别能力的高低不仅由创新组织自身的特征、知识积累等决定，而且由合作关系网络结构特征决定。因此，由于处于网络中不同位置的创新组织对成员接触的广度和深度不同，知识获取与识别的数量和性质也不同。

从创新组织获取知识的角度看，创新组织依托自身的知识背景在石墨烯产业技术创新领域进行知识搜索的成本较高，且能搜索到的知识量有限。当创新组织融入技术合作创新网络后，创新组织已经跨越了传统意义上的边界，通过与其他网络成员建立联系，创新组织有机会获得更多的创新资源；网络资源的不断获取，也有利于整个网络的发展。创新组织无论是进行基础研究还是技术开发应用，在很大程度上都是对现有知识、技术等进行变革，这一过程中主要是对资源的重组，通过资源整合重组，推进知识创新，提升创新组织的研发成功率。从微观视角看，技术合作创新网络是创新组织获取异质性创新知识的重要来源，广泛的外部联系也有利于创新组织扩大市场影响力。对石墨烯产业而言，创新组织间相互联系的合作网络有利于网络内成员通过网络获取创新资源，特别是能了解最近的研究进展、相关的技术成果孵化转化等情况。如果这些信息被不同的创新主体拥有，而他们之间缺乏交流，则并不能实现对现有资源的充分获取。网络中心性较高的创新组织，由于其占据有利位置，可以接触到更多的创新资源，这能降低其知识获取成本，将网络变为知识获取的连接通道，从而进一步降低研发成本。然而，网络中心性并非越高越有利于创新组织获取知识资源，当网络中心性过高时，可能会导致"信息泛在"，即网络中存在大量的冗余信息，此时也不利于开展技术创新。

从创新组织知识识别角度看，网络中心性较高的组织能接触到更多的资源，对外联系程度较高，如果此时其占有较好的结构洞位置，成员间的非冗余联系较多，则会降低过度中心性带来的不利影响。对像石墨烯产业这样的前沿发展领域而言，不同性质的创新主体的合作目的、方式等均存在很大差异，这可能导致虽然创新组织接触到的资源比较多，但是其信息甄别的成本很高。而创新组织融入技术合作创新网络，创新组织的信息甄别成本会大幅降低。原因在于，一方面，网络成员内部间的交流与协作成本本身就比创新主体依靠自身力量识别知识的成本低；另一方面，随着成员间的不断交流合作，隐性知识将会在不同的创新主体间传播，这也会增强创新主体对知识的识别能力，提升知识获取的有效性，为知识吸收和创造奠定坚实基础。

4.2.2 知识吸收

知识吸收是指在石墨烯产业技术合作创新网络中，创新组织在获取和识别网络中有价值知识的基础上，对所获知识的理解能力。在非网络嵌入的情况下，创新主体对知识的吸收在很大程度上取决于创新主体自身的创新能力。创新组织如果占用的资源越多，在一定程度上对创新的理解能力可能会越强，越有利于其吸收新知识。实际上，随着技术合作创新网络的形成，创新组织不只是依靠自身理解创新知识，更多的可能是通过与网络内其他成员的交流与合作，不断提升自身对创新性知识的理解能力。基于相互信任的石墨烯产业技术合作创新网络形成的基础就是不同性质的创新主体不断地交流和互动，形成有效联系和资源整合。本研究研究的是技术合作创新网络影响下的知识吸收，因此，重点分析网络结构特征对该过程的影响。

从网络视角看，创新组织在技术合作创新网络中的交流与合作越频繁，不仅有利于其获取新的知识，也增强了其对外部创新资源的理解能力。无论是高校、科研机构还是企业，在网络中的交流与合作本质上也是供给和需求不断碰撞的结果。对企业而言，创新的目的在于提升竞争力和盈利能力；而对于高校而言，则是增强基础研究能力。在技术合作创新网络中，不同类别的创新组织会在网络中表达自身的利益诉求，同时会通过交流解读其他创新组织的需求。一方面，创新组织间的合作紧密程度越高，越有利于显性知识的传播。由于显性知识的外在表现形式相对比较具体，无论是专利还是技术标准都可以某种形式被表达出来，此时通过不断地交流会增强创新组织对某种显性知识的理解，特别是对所识别的外部资源的解读。这有利于创新组织将新的知识、技术等资源与自身已有资源整合。例如，有些石墨烯研发实验的过程可能是标准化的，虽然创新组织可以通过复制、模仿等对实验过程进行还原，但对其中的逻辑性和科学性可能不太清楚。创新组织的不断交流会加深其对这类显性知识的认识，提高其吸收知识的能力。另一方面，处于网络位置较好的创新组织或联系程度较强的组织更有利于隐性知识的理解。如前所述，隐性知识的传播更依赖创新组织间的面对面交流，而处于网络中较好的位置，特别是结构洞位置的创新组织而言，更有利于其通过占据的有利位置调节不同组织间的交流。创新组织交流的密切程度存在的差异不仅会影响隐性知识的传播，也会影响其认识和理解能力，这将对知识吸收产生重要影响。比如在石墨烯技术创新过程中，创新过程的背后隐藏了很多隐性知识，包括研发人员的直觉、技术人员的经验等，只有通过不断地交流，其中的隐性知识才能被理解，进而被吸收，最终被创新组织整合并运用，加速知识创新。

4.2.3　知识整合

知识整合是指在石墨烯产业技术合作创新网络中，网络成员对外部知识与自身所拥有知识的整合能力。知识的获取与识别只是创新的第一步，而知识整合才是创新组织运用外部资源的关键。在技术合作创新网络的影响下，网络结构特征将会对知识整合产生重要影响。

从技术合作创新网络整体而言，随着创新组织间关系的日益紧密，创新组织获取的外部资源也就越多，此时，外部资源的异质性与自身资源的多样性是否能够实现整合、发挥最大效用是知识创新的关键。处于网络中心性较高或占据网络结构洞位置的创新组织在网络中可以接触到多样化的创新知识，这有利于推动组织进行知识重组和创造。特别是处于小世界网络中心的创新组织，拥有较短的平均路径和较高的网络密度，能够增强其与网络其他成员的联系，有利于其接受知识溢出，特别是隐性知识溢出，这为知识整合创造了有利条件。如果创新组织的网络中心性较差，意味着该创新组织在参与合作网络知识流动方面与其他创新组织存在一定的差距，如接触外部知识的机会较少，这会影响其对外部资源与内部资源的整合。原因在于，技术合作创新网络是一座不同创新组织相互沟通的桥梁，也是知识传播的渠道。对每个创新组织而言，每个网络成员都是知识的接受者，也是知识的提供者。创新组织在网络中处于边缘地位，则会限制其获取知识的数量和质量，进而影响其在集体行动中的行为。同时，技术合作创新网络也会产生学习效应，即创新能力较差的组织会通过频繁的联系向创新能力较强的组织学习，这也包括关于知识整合的学习，进而推动自身知识资源的整合。

从局部或者微观发明人网络视角看，个体是知识的主要载体。对石墨烯技术创新而言，专利发明人之间的交流显得尤为重要。原因在于，专利发明人是知识整合的执行者，甚至是一些创新组织的决策者。个体对知识的认知取决于其自身的知识储备，在网络嵌入情况下，其他专利发明人的行为和想法也会影响该个体，即受到微观个体行动网络的影响。专利发明人之间联系紧密，有利于个体知识结构的完善和知识容量的增加，这在很大程度上会提升组织对知识的整合能力。特别是专利发明人之间的面对面交流，有利于隐性知识的传播与获取，个体将外部的隐性知识和内部知识相结合，会进一步促进资源整合效应。

4.2.4 知识创造

知识创造是指在石墨烯产业技术合作创新网络中，网络成员在对外部知识进行获取、识别、吸收、整合的基础上，通过运用外部知识和内部知识创造新知识的过程。知识创造是创新组织参与网络的根本目的，也只有不断地进行知识创造才能维系技术合作创新网络。实际上，石墨烯产业技术合作创新网络的本质就是各创新主体在分享创新资源的基础上进行的知识创新合作。因此，知识创造是技术合作创新网络中最重要的阶段。各创新主体通过知识获取与识别、知识吸收和知识转化，将外部创新资源与自身所拥有的资源进行整合，能够提高创新的成功概率。

技术合作创新网络影响下的知识创造是将资源在最大范围内进行有效配置，从而重组创新组织的知识结构，产生新的知识。如果创新组织未融入技术合作创新网络，其知识重组将仅限于其拥有的产业资源，能产生的新知识相对有限。如果创新主体嵌入技术合作创新网络，则是对自身资源和外部资源融入之后的知识重组，这样的互补、结合为创新组织的知识创造提供了更加有利的条件。

越来越多的石墨烯产业创新组织选择通过增强与外部的联系，融入技术合作创新网络进行知识创新。这种知识创造的优势在于不同知识结构、文化背景的创新组织通过技术合作创新网络能够形成知识流动网络。网络成员擅长的技术创新可能在产业链上属于不同的环节，这有利于提升整个产业链的创新能力。比如，不同的创新组织在纯化技术、表征技术、改进技术、制备技术等不同领域的研究重点不同；如果所有的创新组织均研究某个领域，那么其他领域的发展会相对滞后，最终也不利于石墨烯产业链整体发展。

4.3 绩效影响机制

石墨烯产业技术合作创新网络主要通过降低交易成本、获取创新资源和增强知识正外部性对网络成员创新能力产生影响，本节主要从这三个方面进行梳理。

4.3.1 降低交易成本

1937 年，美国经济学家科斯在《企业的性质》一文中首次提出了交易成本的概念，认为交易成本是为达成一笔交易所产生的成本。交易成本包括搜寻、谈判议价、运输、执行监督等活动所产生的费用，其中，搜寻成本是指为了完成交易在收集交易对象、商品等信息过程中所产生的成本；谈判议价成本是指针对契约的具体内容进行讨价还价的成本，包括产品交割数量、价格、质量等；运输成本是在商品或服务提供过程中，因使用交通工具运输所产生的费用；执行监督成本是指交易双方监督对方在交易过程中是否按照契约规定完成而产生的费用。

单个或少数创新组织对知识、资本等创新资源的占有在一定时间内是相对固定的，而石墨烯技术创新对资源的需求在一定程度上却是无限的。为增强自身竞争实力，创新组织必须加快技术创新步伐。此时，创新组织单纯依靠内部创新资源已经无法满足技术创新需求，需要从外部获取创新资源，通过知识共享提升技术创新水平。实际上，创新组织离不开市场，其在参与市场竞争时也身处市场中。创新组织在融入市场的过程中，只要有交易就不可避免地要支付成本，即任何交易行为最终都会产生一定的费用。交易成本主要由交易的性质决定，主要包括交易的不确定性、交易的频率和进行特定交易的投资（即资产专用性）。当一项交易的不确定性越大或交易的频率越低或资产专用性越强，创新组织因交易产生的费用也就越高；反之亦然。

对创新风险性较高的石墨烯产业技术创新而言，创新组织既可以选择亲自从事研发活动，也可以直接购买其他创新组织既有的技术成果，还可以通过与其他创新组织联合研发开展技术创新。创新组织选择何种方式进行技术创新主要取决于不同交易策略下的交易成本。如果是只依靠自身创新资源从事石墨烯产业技术创新相关活动，虽然其同其他创新组织不直接进行技术交易或联合研发，但会增加其他方面的交易，比如人才引进、资金投入增加等，这些资源的获取过程也会产生交易成本。此时，创新组织采取的交易策略就是通过购买创新资源，使创新活动内部化，以企业内部的科层制度组织创新活动。当某些石墨烯产业技术创新领域的资产专用性不高、对某种创新资源的使用频率较低时，创新组织应该通过市场交易的方式购买创新资源，因为此时的交易成本较低，且低于企业内部研发成本。当技术创新充满不确定性，交易成本不是极高或者极低时，创新组织选择合作研发将不失为一种好的选择。这是因为，技术合作创新是一种基于信任的合作关系网络，既不是完全的市场交易，也不属于企业内部的科层管理，而是一种为加快产业技术创新而演化出来的新型合作组织形式。一方面，与组织内部一体化的技术创新不同，技术合作创新网络基于彼此信任，通过一些正式或者非正式的制度安排，使创新资源在高校、科研机构、企业等创新组织间相对自由地流动，加速知识共享，进而增强网络成员的技术创新能力。此时，相关的制度安排并不会改变现有创新资源的产权属性，资产专用性较低。同时，一些重大仪器设备（资产专用性较高）可以通过政府、社会、基金等渠道支持获得，创新组织不必利用自身资源购买，资产专有性投资较低，这也进一步降低了创新组织的研发风险。另一方面，与技术市场交易相比，技术合作创新网络主要是通过网络成员内部间的合作关系联结，通过契约对成员间的行为进行监督。这种合作关系主要是基于信任程度和技术创新的相关性，因此，合作研发对组织创新能力提升的促进作用可能要优于直接购买科技成果。

实际上，石墨烯技术合作创新网络的本质是基于信任关系的多边背书、具有一定垄断性质的组织。技术合作创新网络中的企业、高校、科研院所等共同投入创新资源，通过联合研发加速产业技术创新。在此过程中，会形成一些依赖性较强的专用性资产，不仅包括实物资本，也包括基于相互协作的关系资本，这些资本的存在会降低网络成员机会主义的概率。一旦有网络成员不遵守契约规定，则会被网络惩罚，这无疑增加了该创新组织的交易成本。然而，技术合作创新网络的形成和完善也需要成本，在网络成立之初，需要成员间交流沟通、收集信息等，这些活动都需要付出一定的成本。随着网络的不断发展，成员数量不断增加，此时，网络成员接受的知识量日渐增多，知识获取与筛选成本也相应增加；同时，网络成员数量的增加也使彼此间的沟通、协调、监督等成本增加。因此，石墨烯产业技术创新主体选择何种方式从事研发活动主要是取决于交易成本，当合作网络交易成本较低时，创新组织会选择融入网络，通过联合研发进行技术创新。

4.3.2　获取创新资源

创新主体在占有资源上的有限性也使不同创新主体之间所有有用的资源表现出异质性特征，而在激烈的市场竞争中，创新主体的竞争优势在于如何利用创新资源加速技术创新。因此，如何获取创新资源以保持自身竞争优势变得尤为重要。创新主体拥有的创新资源越丰富，越有利于开展研发活动，特别是对石墨烯等前沿产业而言，占有创新资源越多、程度越深，越有利于同竞争对手拉开差距，扩大自身优势。

从属性而言，资源主要具有以下特征。一是资源分布不均。经济社会资源不管是在空间上还是在不同的组织间都是分布不均的，对石墨烯产业创新发展尤为重要的人才、专利等资源往往集中在规模较大的创新组织中。这一方面是因为创新活动需要大量的投资，特别是相关资产设备的专业化投资，这种设备具有规模经济的特点，只有研发活动较为密集的创新组织使用才能降低成本；另一方面是因为创新活动具有时间累积性，前期的知识积累对当期的研发活动会产生重要影响。二是资源的可替代性较低。有关创新的专业化投资资产专用性较强，专利等技术创新成果也具有一定的垄断性，这可能会导致创新性资源的可替代性较低，因而创新组织不得不为一些技术成果支付高昂的费用。三是资源的可交易性较低。创新组织对创新活动的相关投资额较大，技术创新成果特别是核心知识不会在市场中被交易，具有绝对的垄断性。同时，创新性较高的知识或技术隐秘性较强，市场或者其他创新组织也很难对其进行定价，这在一定程度上也导致资源的可交易程度降低。

不同创新组织在资源类别的占有上存在一定的差异，对高校和科研机构而言，主要是指人才、资本、专利等；对于企业而言，除了前面提到的几种资源，营销渠道、商誉等也是有价值的资源。实际上，创新组织就是通过各种创新的集合从事知识创新和技术研发。随着产业创新技术复杂程度的不断提升，无论是高校、科研机构还是企业，其技术创新将不仅依靠自身的创新资源占有情况，外部资源的获取、整合和吸收也变得越来越重要。如上分析，石墨烯产业具备跨学科、高度不确定性等特征，创新组织通过与其他创新主体建立合作关系获取创新资源，通过整合内部和外部的资源加速自身技术创新和技术成果产业化。

知识和技术成果是石墨烯产业创新主体的核心资源。各类创新主体也正是基于现有的知识、技术成果等资源探索产业的未来发展方向，这个过程也是组织不断创造知识和应用新知识的过程。作为新材料产业的热点前沿领域，石墨烯产业技术创新在人才、仪器设备等方面的要求较高，创新主体通过不同的组织架构将具有不同学科背景的人才聚在一起，并要求其在组织中进行知识共享，从而整合和运用知识、资本等资源从事研发活动，尽可能将已有资源效能发挥到最大。实际上，对绝大多数石墨烯产业创新主体而言，占有较为丰富的创新资源是比较困难的，特别是该产业研发风险较高。因此，越来越多的创新主体通过与其他组织开展合作，获取新的创新资源，进而提升资源使用效率，提高研发成功的概率。分创新主体类型来看，企业在技术开发和成果转化方面具有显著优势，高校和科研机构则在基础研究方面具有优势。不同类型的创新主体参与其中，政府既可以为高校和科研机构的基础研究提供经费和设备支撑，也可以为企业提供财政政策和税收政策支持。基于信任的石墨烯产业技术合作创新网络，可以在发挥成员优势的同时弥补成员的不足，进而加快石墨烯产业知识创新和成果转化。同时，由于技术合作创新网络不是按企业的科层制运行，网络成员间的组织架构相对灵活，且信任程度较高，成员间的评价标准和评价方式也灵活多变，这也促进了石墨烯产业技术合作创新网络不断发展。

石墨烯产业技术合作创新网络为网络内的不同创新主体提供了知识交互的平台，通过该合作关系网络实现创新资源的流动。我们也可以将技术合作创新网络看作创新主体获取外部创新资源的重要手段，通过合作网络与不同的创新主体建立联系，甚至构建以自我为中心的局部网络。多层次的合作网络增加了创新组织参与石墨烯技术创新的机会，更有利于获取异质性创新资源，拓展知识边界。

4.3.3 增强知识正外部性

外部性是经济学中的重要概念，是指某个行为主体的决策或者行动对其他行为主体的影响，如果是增加了其他行为主体的收益，则称为正向外部性；如果导致其利益受损，则是负向外部性。不同创新主体相互联系所构建的石墨烯产业技术合作创新网络一旦形成，意味着知识、资本、人才等创新要素在网络中流动，在资源共享的过程中产生知识溢出效应，即知识正向外部性。合作创新网络中的成员通过不断沟通，了解彼此的需求和创新能力，相互衔接，使资源能够最大限度地被利用。实际上，石墨烯产业技术合作创新网络建立的过程，也是发挥知识正向外部性的过程，如果没有知识溢出效应，没有创新组织从网络的形成和完善中获益，那么合作创新网络最终也不会形成。

从知识的显现形式看，可以将知识分为显性知识和隐性知识。

显性知识是指有形的知识，如发明专利、技术标准、行业规范等可以通过一定的方式表征的知识。显性知识的存在使经济社会活动变得可衡量，比如专利可以表征组织的创新能力，专利数量就可以作为基准，专利拥有数越多，说明创新主体的技术创新水平可能越高。同时，正是由于显性知识的存在，一些创新活动变得更有价值。显性知识通过外在的显性化表达不仅可以在市场中进行定价、交易，也有利于创新主体通过市场化方式获取显性知识，加速自身技术创新水平。

隐性知识指不能通过语言、文字、图表等明确表述进行传递的知识，它主要存在于人的大脑中，具有高度的个体异质性和主观性。在技术研发过程中的实验经历、遇到问题时的表现、解决问题过程中的相互配合等均属于隐性知识，这些活动并没有标准的文字材料可供参考，高度依赖行为人个体间的默契程度。因此，这种类型的知识很难被外界所知悉，更不可能像显性知识一样在市场中定价和交易。虽然隐性知识很难被衡量，但其对技术创新的重要性不容忽视。原因在于，很多创新性活动正是由于研究人员的直觉、领悟等隐性知识发挥的作用才有突破。在现实生产生活中，所有的知识不可能都可以被编码、被清晰地表达出来，隐性知识在生产生活中发挥了巨大的作用。从两种知识的性质看，显性知识的可表达程度高，因此也具有较高的独立性，即显性知识产生后可以独立于个体而单独存在。因此，显性知识在石墨烯产业技术合作创新网络中具有较强的可转移性和可交易性；相比之下，隐性知识由于高度依赖行为主体或个人，在合作网络中的可转移性较低，这些知识能否通过网络进行转移产生知识溢出效应主要取决于合作方之间的交流频率和信任程度。在石墨烯产业技术合作创新网络中，网络成员的交流越密集、越充分，越有利于隐性知识传播，特别是创新组织中的关键人面对面交流，为隐性知识传播创造了良好的氛围。

从以上对两种知识的显性化程度分析中不难发现，显性知识因其具有一定的表达形式，在石墨烯产业技术合作创新网络中的流动性更强，不同创新主体分享显性知识比较简单。而隐性知识往往是"只能意会不可言传"，无法将其清晰准确地表达出来，因而网络成员之间分享隐性知识比较困难。所以，隐性知识的传播和分享需要网络成员之间更频繁地交流和互动，特别是面对面地交流，共同分享技术创新过程中的经验、思考等知识。隐性知识的传播和溢出需要网络成员间的深度交流，特别是在人才交流和合作研发方面，也只有不同创新组织间开展深度合作，才能获取、学习和分享彼此的隐性知识，进而提升技术创新组织的创新能力。

为提升知识正外部性，石墨烯产业技术合作创新网络的创新组织需要建立合作成员间的交流系统，将成员间彼此的经验、创新性知识等进行归纳和总结，并基于此构建信息共享数据库、信息筛选与甄别系统等数字化管理平台，以便更好地对知识进行管理和运用，加速创新资源在网络中的流动，通过知识共享实现资源的最大化利用。

从本质上说，通过知识共享发挥正外部性的过程也是不同创新组织拥有的知识相互协同、彼此互补的过程。石墨烯产业技术合作创新网络通过整合不同类型创新组织拥有的创新资源，优势互补，优化资源配置效率，最终使网络成员的技术创新能力提升速度快于单个创新组织依靠自有资源从事科技创新的速度。实际上，技术合作创新网络的知识共享过程也需要不同创新组织间的协同，特别是知识协同。原因在于，每个创新组织拥有的创新资源数量、类别、性质等存在较大差异，如果没有知识协同，可能网络成员间无法开展技术交流与合作，延缓了知识创新过程。如果不同创新组织间知识的协同性较差，则会降低知识转移、吸收和应用的水平，对知识发挥正外部性产生负面影响，进而不利于产业技术创新。因此，为增强知识正外部性，创造出更多的创新成果，在技术合作创新网络中要强调降低交易成本和获取创新资源的重要性，知识共享尤其是知识协同尤为重要。

4.4 石墨烯技术合作创新机理集成模型

由上述机理分析可知，石墨烯技术合作创新机理由研发合作机制、知识交流机制和绩效影响机制构成，具体的集成模型如图4-1所示。

在该模型中，研发合作机制、知识交流机制和绩效影响机制之间是相互联系、相互影响的，共同作用于技术合作创新。

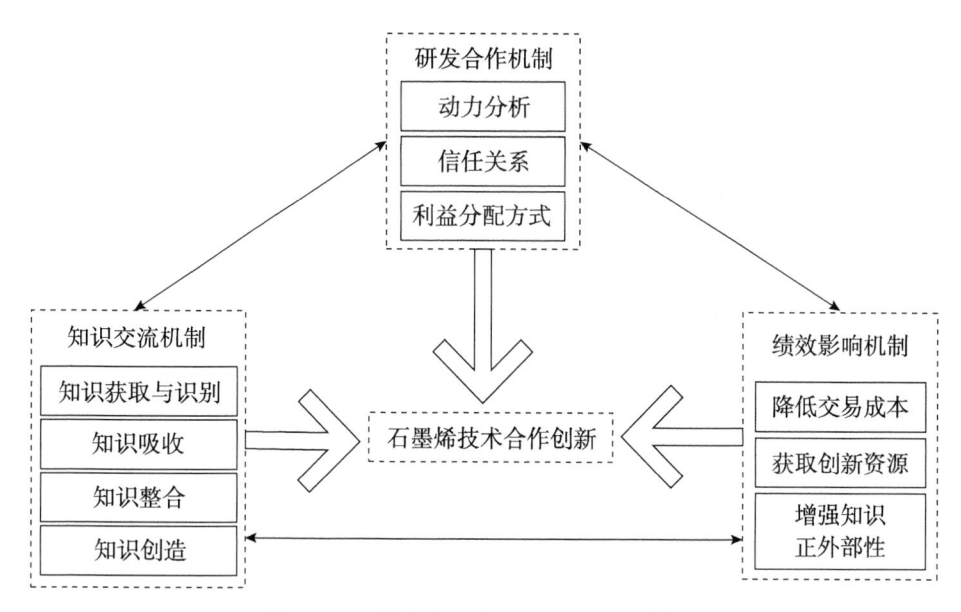

图 4-1 石墨烯技术合作创新机理集成模型

从研发合作机制看，技术合作创新有利于获取异质性外部资源，进而对创新绩效产生影响；同时，技术合作创新降低了各参与方的交易成本，这也增强了彼此的合作积极性，促进了研发合作。基于信任的石墨烯创新主体联合研发，强化了不同主体间的知识交流；而频繁的知识交流会加速新知识创造，帮助技术创新成果商业化，进而通过利益分配使研发合作更深入。

从知识交流机制看，处于石墨烯产业不同环节创新主体的知识交流，有利于增强彼此间的信任程度，为各方持续开展联合研发奠定基础。研发合作的持续开展也伴随知识整合和创造，不管是技术创新成果还是商业化成果，都会涉及利益分配的问题，利益分配方式的不同也影响着知识交流的频率和深度。知识创造的过程本质上也是知识增值的过程，最终都是创新主体的绩效。如果合作创新产生的绩效较高，则各参与主体有积极性持续开展知识交流；反之，则可能对知识交流产生不利影响。

从绩效影响机制看，影响石墨烯技术合作创新的关键在于各参与方对合作后的绩效评价。如果通过研发合作可以提升创新绩效，则大家会持续开展研发合作；同时，持续的研发合作也会不断优化彼此间的利益分配方式，增强彼此间的信任程度，长期来看，会提升合作创新绩效。不同创新主体间进行知识交流，能够降低交易成本，有助于获取异质性创新资源，进而有利于合作创新绩效的提升；而合作创新绩效的提升会进一步促进各参与方的知识交流，通过知识获取与识别、知识吸收、知识整合和知识创造，形成良性循环。

4.5 本章小结

第一，本章从动力分析、信任关系和利益分配三个维度详细讨论了石墨烯创新组织研发合作机制，利益分配方式的选择是影响技术合作创新的重要因素，而政策环境、研发风险、资源流动和经济一体化是重要动力。

第二，从知识获取与识别、知识吸收、知识整合和知识创造四个维度论述了知识交流机制，石墨烯技术合作创新主体知识交流的目的在于知识创造，也只有不断地进行知识创造才能维护合作创新。

第三，从降低交易成本、获取创新资源和增强知识正外部性三个维度梳理了合作对创新绩效的影响。实际上，石墨烯产业技术合作创新的过程也是参与各方创新绩效提升的过程，如果没有较高的绩效，那么合作不会持续进行。

第四，对研发合作机制、知识交流机制和绩效影响机制进行整合，梳理了石墨烯技术合作创新影响机理集成模型，重点对三种机制之间的关系进行讨论。

第 5 章
石墨烯技术合作网络特征演化

5.1 研究方法

社会网络分析法是对网络进行量化分析的方法，通过用矩阵和图来表征网络参与者之间的相互关系及整体网络结构。本研究采用社会网络分析法对石墨烯产业技术合作创新网络特征演变进行分析，主要包括两类特征指标：整体网络结构和个体网络结构。

5.1.1 整体网络结构

网络密度是反映技术合作创新网络中创新组织联系紧密程度的指标，网络密度越大，表示技术创新组织间的关系越密切，其计算公式为：

$$D = \frac{\sum_{i=1}^{n}\sum_{j=1}^{n} x_{ij}}{n(n-1)} \quad (5-1)$$

其中，D 为网络密度，n 为网络中的创新组织总数量，当创新组织间有技术合作创新时，$x_{ij}=1$；否则，$x_{ij}=0$。

集聚系数是反映技术合作创新网络中创新主体聚类情况的指标，可以分为单个主体集聚系数（C_i）和整个网络集聚系数（C）。前者是指创新组织间所有实际联系中占最大可能联系数的比例，后者则是单个创新组织集聚系数的平均值，计算公式分别为：

$$C_i = \frac{C_i}{C_{k_i}^2} = \frac{2E_i}{k_i(k_i-1)} \quad (5-2)$$

$$C = \frac{1}{n}\sum_{i=1}^{n} C_i \quad (5-3)$$

其中，k_i 为创新组织 i 所连接的组织关系，E_i 为创新组织 i 所连接的所有组织实际存在的关系总和。

平均路径长度是反映网络整体可达性的指标，表示创新组织在网络中距离的大小。平均路径长度等于所有组织最短距离的平均值，具体计算公式如下：

$$L = \frac{2}{n(n-1)}\sum_{i \neq j} d_{ij} \quad (5-4)$$

式中，d_{ij} 为创新组织 i 到 j 的最短距离。组织间的平均路径越长，表明网络的可达性越差。对创新活动而言，平均路径越长表示知识、信息等创新要素传播的路径就越长，时效性越差，信息失真的可能性也越大，越不利于创新性知识在组织间扩散；反之，平均路径越短，则越有利于知识创新，进而对创新产生积极影响。

5.1.2 个体网络结构

度数中心度可分为绝对度数中心度和相对度数中心度，本研究选择后者表征创新组织在网络中的相对位置，其计算公式为：

$$C_{RD_i} = \frac{\sum_j x_{ij}}{(n-1)} \quad (5-5)$$

接近中心度表示网络中某个节点与其他所有节点的接近程度，接近中心度越高，说明该节点对其他节点的依赖性越低。接近中心度也分为绝对接近中心度和相对接近中心度两类，本研究选择后者表征创新组织对网络中其他成员的依赖性，其具体的计算公式为：

$$C_{RP_i} = \frac{(n-1)}{\sum_{j=1}^{n} d_{ij}} \quad (5-6)$$

接近中心度反映的是创新网络中某个组织与其他组织的联系紧密程度，创新组织的接近中心度越大，说明该组织同其他组织联系越密切，受控制越少，在知识、资本等创新要素流动和扩散过程中影响越大，因而对创新活动的影响也越大。

有效规模是反映创新组织关系网络的非冗余部分指标，有效规模越大，说明非冗余联系度越低，等于个体网络规模减去网络的冗余度，其具体计算公式为：

$$ES_i = \sum_{j=1}^{n}\left(1 - \sum_{q=1}^{n} p_{iq} m_{jq}\right) \tag{5-7}$$

其中，p_{iq} 表示创新组织 i 的所有关系中组织 q 所占的比例，m_{jq} 表示创新组织 j 和组织 q 之间的边际强度，等于两个创新组织连接数除以组织 j 与其他组织连接中的最大值，$q \neq i, j$。有效规模反映的是单个创新组织在网络中获取异质性资源的能力。创新组织的有效规模越大，表明组织特别是在网络中居于联系位置的组织获取异质性资源的可能性越高，越有利于促进知识在网络中的流动，完善创新组织知识结构，进而加速产业创新。

限制度是表示网络中创新组织运用结构洞能力的大小，限制度越小，表示组织运用结构洞的能力越强，其具体计算公式如下：

$$C_i = \sum_{j=1}^{n}\left(p_{ij} + \sum_{q=1}^{n} p_{iq} p_{qj}\right) \tag{5-8}$$

其中，p_{ij} 表示创新组织 i 的所有关系中组织 j 所占的比例；p_{iq} 表示创新组织 i 的所有关系中组织 q 所占的比例；p_{qj} 表示组织 q 的所有关系中组织 j 所占的比例。

有效规模刻画了网络中创新组织联系的冗余程度，而限制度则强调组织运用结构洞获取异质性资源的能力。在石墨烯技术合作创新网络中，石墨烯创新组织限制度越低，说明该组织同多个相互隔离的创新组织建立合作关系的可能性越大，发生非冗余联系的能力就越强，越有利于石墨烯创新组织间产生联系，进而促进石墨烯技术合作创新。

5.2 基于文献的石墨烯技术创新网络演变分析

5.2.1 文献合作现状

本研究基于 Web of Science 数据库，若石墨烯相关领域的文章只有 1 名作者，则认为是独立发表的文章；若是 2 人及以上，则认为是联合发表的文章，具体统计情况如表 5-1 所示。

表 5-1　　　　　　　　石墨烯技术文献合作情况　　　　　　　　单位：篇

发表年份	外文文献 独立完成数量	外文文献 合作数量	外文文献 总量	中文文献 独立完成数量	中文文献 合作数量	中文文献 总量
2004 年	0	9	9	0	0	0
2005 年	2	14	16	0	0	0
2006 年	7	41	48	0	0	0
2007 年	12	133	145	0	0	0
2008 年	15	337	352	0	3	3
2009 年	23	625	648	1	18	19
2010 年	28	1374	1402	4	38	42
2011 年	43	2520	2563	25	104	129
2012 年	54	3932	3986	19	212	231
2013 年	50	5412	5462	29	336	365
2014 年	77	7185	7262	45	423	468
2015 年	86	8394	8480	54	579	633
2016 年	99	8951	9050	114	649	763
2017 年	89	9853	9942	120	789	909
2018 年	79	10413	10492	109	856	965
2019 年	98	11140	11238	107	873	980

由表 5-1 可知，整体来看，石墨烯基础研究领域的合作创新日趋增加。具体来看，外文文献合作数量由 2004 年的 9 篇迅速增长到 2019 年的 11140 篇，合作文献占 2019 年外文文献的比重约为 99.13%。中文文献中，2008 年才实现零的突破，合作文献达到 3 篇。截至 2019 年，石墨烯领域中文文献合

作数量达到 873 篇，占当年中文文献的比重约为 89.08%。通过国内外合作文献的梳理可知，由于石墨烯技术领域研究的不确定性和跨学科综合性、知识的不断深化和沟通交流便利性的不断提升，石墨烯基础研究领域的合作越来越多。

5.2.2 网络特征分析

由于石墨烯领域外文文献数量远远大于中文文献数量，因此，本部分重点讨论基于外文文献的石墨烯合作网络特征。如前所述，石墨烯技术发展可以分为 3 个阶段，因而将按照发展阶段分为 3 个研究时期，分别对相关网络指标进行测算和分析，如表 5-2 所示。

表 5-2　　石墨烯外文文献国际合作网络图谱指标情况

时间阶段	网络节点（个）	网络边数（个）	联结次数（次）	网络密度	网络直径	平均路径长度	平均度	平均加权度	平均聚类系数
2004—2009 年	48	163	480	0.145	4	2.098	6.792	200.352	0.569
2010—2015 年	101	938	9551	0.186	4	2.006	18.574	189.129	0.751
2016—2019 年	123	1410	15619	0.188	4	1.972	22.927	253.967	0.772

由表 5-2 可知，基于外文文献的石墨烯技术合作创新网络不断优化。从网络节点数量看，2004—2009 年网络节点数为 48 个，到 2016—2019 年变为 123 个；网络边数从 2004—2009 年的 163 个迅速增长至 2016—2019 年的 1410 个；联结次数由 2004—2009 年的 480 次增加到 2016—2019 年的 15619 次。科研工作者之间的交流日趋紧密，也带动了整体网络密度不断提高，由 2004—2009 年的 0.145 增加到 2016—2019 年的 0.188。石墨烯技术合作创新网络密度不断提高，平均路径长度不断下降，意味着呈现出"小世界"网络特征。

基于 2004—2009 年、2010—2015 年和 2016—2019 年这 3 个阶段的石墨

烯技术文献数据，利用可视化软件 Gephi 绘制三个阶段的文献国际合作拓扑结构图，如图 5-1 所示。

2004—2010年石墨烯外文文献
国际合作情况

2011—2015年石墨烯外文文献中国与
其他国家合作情况

2016—2019年石墨烯外文文献
国际合作情况

2016—2019年石墨烯外文文献中国与
其他国家合作情况

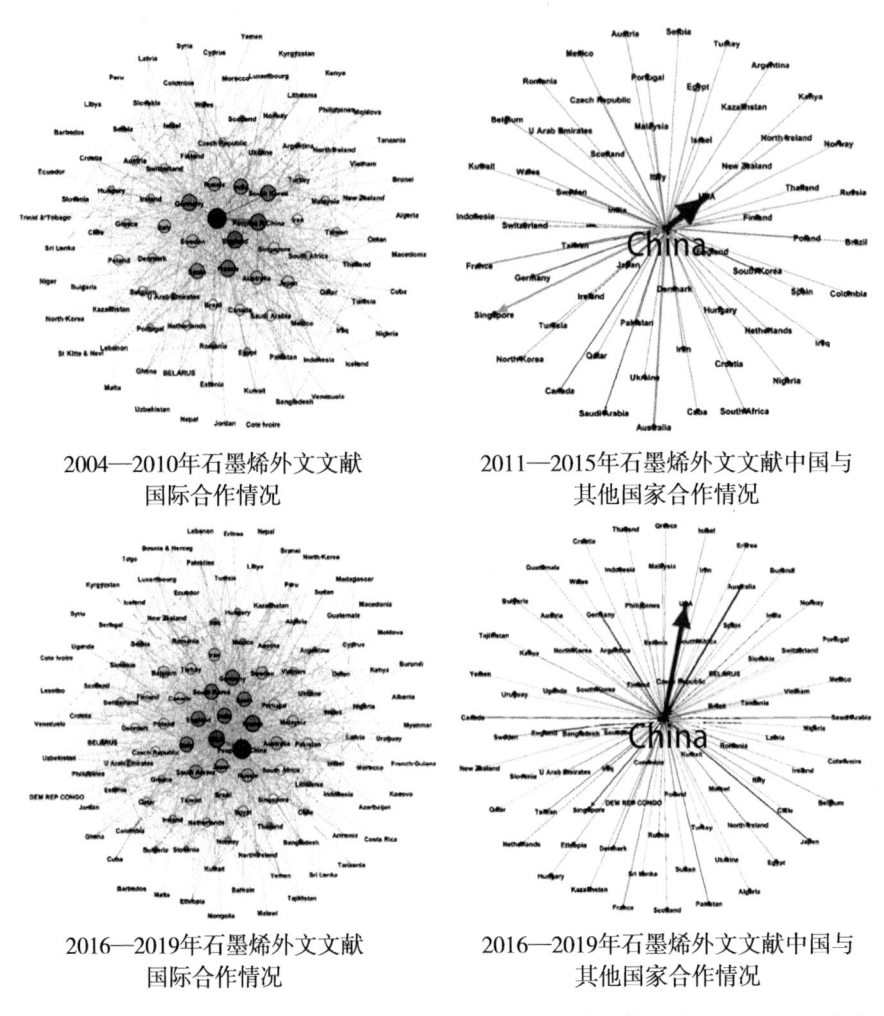

图 5-1　石墨烯外文文献国际合作及中国与其他国家合作情况（2004—2019年）

在图 5-1 中，节点映射相应的国家，与其他国家的合作次数越多，节点越大；连线粗细表示国家之间的合作次数，合作次数越频繁，连线越粗。2004—2019 年石墨烯外文文献由开始的节点稀少及连接线较稀疏的状态，逐步演化为节点众多且分布较稠密的状态。合作的国家或地区从 2004 年的 48 个逐渐增加到 123 个，网络规模扩大了近 2 倍。每个节点与其他节点连接的数量由之前的 7 个逐渐增加到 23 个。不同国家或地区联结次数的明显增加说明国家间的合作频繁且已经建立稳固的合作关系。

5.3 基于专利的石墨烯技术创新网络演变分析

在构建全球和我国石墨烯技术合作创新网络中，本研究选取专利权人为 2 人及以上共同申请专利数据来分别对石墨烯技术研发合作网络的整体网络特征、各网络主体地位以及核心网络凝聚子群进行分析，旨在认识石墨烯技术领域合作现状，挖掘国内外领先石墨烯组织的合作关系及核心技术持有者。

在进行网络可视化工作前，我们需要对选取的专利数据进行整理：第一，本研究的研究对象主要是企业，因此，剔除自然人间、高等院校间、科研院间或这三者间的联合专利，企业下设或控股成立的科研院所合并到企业，而对由企业和高校联合创办的科研院所予以保留；第二，将子公司、分公司或其设立的研究院合并到总公司或集团，通过网络平台官方网站、Innography、启信宝、外贸邦等对 6710 项专利的专利权人逐项核对，最终确定专利权人中含有企业的联合申请专利数为 5030 项。本研究的重点为石墨烯技术合作创新，因此选取合作申请专利靠前且合作频次大于等于 7 次的企业构建全球石墨烯联合创新网络。

5.3.1 网络结构整体分析

将石墨烯技术合作网络作为一个整体，该整体所具有的结构会对其中每个创新主体的行为产生影响。本研究基于石墨烯专利权人联合申请石墨烯技术专利进行分析，系统把握石墨烯产业全球合作创新网络整体特征。基于专利数据，利用 UCINET 软件绘制了 2010 年、2013 年、2016 年和 2019 年全球石墨烯产业创新组织合作时空演化图，如图 5-2 所示。

由图 5-2 可知，全球石墨烯产业的跨组织和国家的合作创新规模持续扩大。整体而言，无论是处于网络的核心位置还是边缘位置，创新组织间的联系、

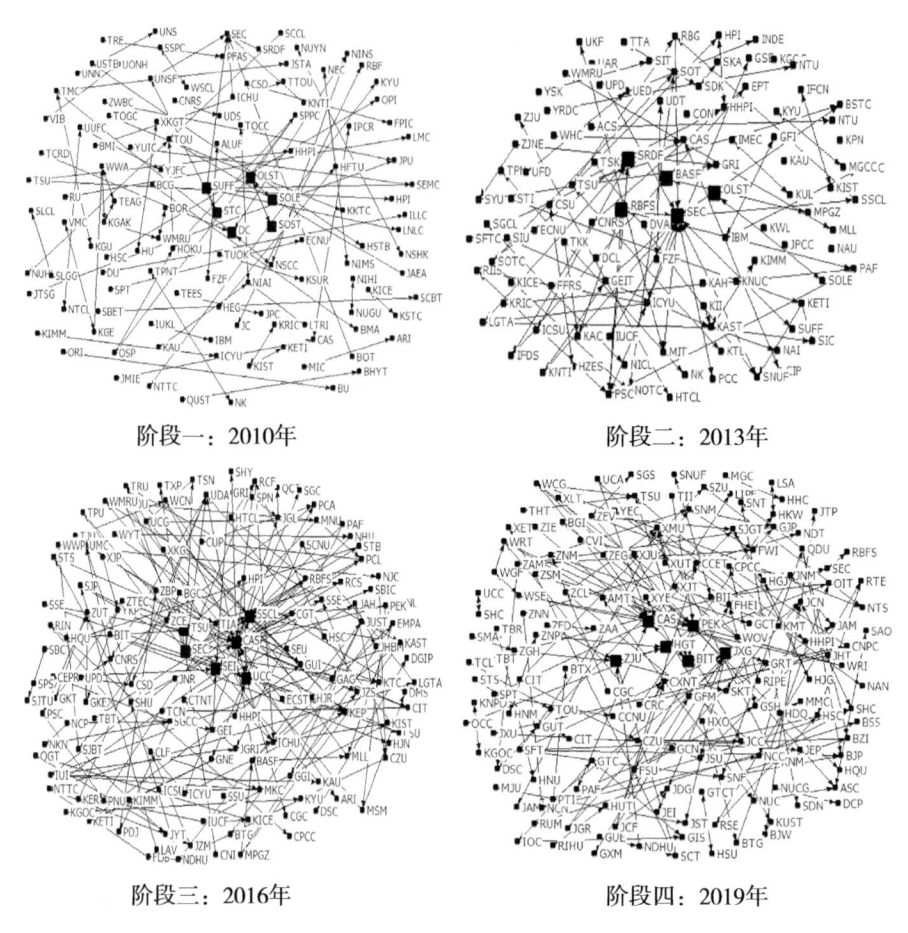

阶段一：2010年　　　　　　　阶段二：2013年

阶段三：2016年　　　　　　　阶段四：2019年

图 5-2　全球石墨烯产业创新组织合作时空演化

合作日趋频繁。在阶段一，除了海洋王照明科技股份有限公司（OLST），网络中位置相对重要的 Denso Corp（DC）、Sungkyunkwan University Foundation for Corporate Collaboration（SUFF）等均为国外企业或科研机构。虽然我国创新组织在整个石墨烯产业创新网络中的优势相对不明显，但是像鸿海精密工业股份有限公司（HHPI）在网络中的作用开始显现，我国石墨烯产业创新组织已经开始同网络中的其他参与者建立合作关系。在阶段二，凭借北京市、深圳市等城市丰富的创新资源，清华大学（TSU）、鸿富锦精密工业（深圳）有限公司（HPI）、华为技术有限公司（HTCL）等在网络中的地位日益显现，三星 Techwin 公司（STC）和海洋王照明科技股份有限公司在整个网络中的地位相对稳定，均发挥着主导作用。在阶段三，我国石墨烯产业创新组织在网络中的数量继续增加，北京大学（PEK）、上海交通大学（SJTU）等高校和科研机构，以及国家电网有限公司（SGCC）、中国石油化工集团有限公司（CPCC）等企业的石墨烯产业联合申请专利数量增长显著，在网络中的位置不断提高；同时，像巴斯夫股份公司（BASF）这样的国外跨国企业在网络中的地位明显下降。从地域上看，除前期的北京和深圳、上海，以及江苏省的南京、常州、苏州和无锡，广东省的广州和东莞，浙江省的杭州和台州等城市的石墨烯产业创新组织数量不断增加。在阶段四，我国创新组织在全球石墨烯产业技术合作创新网络中的地位更为突出，以北京大学、清华大学、浙江大学（ZJU）、北京理工大学（BIT）等为代表的高校和以江苏江南烯元石墨烯科技有限公司（JXG）、杭州高烯科技有限公司（HGT）等为代表的企业的石墨烯产业技术合作数量日趋增多。

从全球石墨烯产业技术合作创新网络演变过程看，随着跨国界的合作越来越多，网络空间结构也在不断变化，我国创新组织由最初处于网络边缘区逐渐变为处于网络核心区，这既说明我国创新组织在全球石墨烯产业中的重要性越来越强，也说明以石墨烯产业为代表的先进技术领域的技术合作创新网络可能不存在固定的边界，边缘区有在短时间内成为核心区的可能。从我国石墨烯产业技术合作创新地域分布看，合作创新组织主要分布在北京、上海、广州、深圳、南京、杭州等东部地区城市，中西部地区的合作创新较少。原因可能在于，相较于东部地区高度集中的科技创新资源，中西部地区受经济发展阶段、产业结构等因素影响，在类似石墨烯产业的前沿科技领域处于劣势地位，其产业发展可能还要依靠东部地区的带动。

石墨烯产业技术合作创新网络整体结构指标主要包括网络密度、集聚系数和平均路径长度，具体分析结果如表 5-3 所示。

表 5-3　　　　　　全球石墨烯产业技术合作创新网络模型

变量	2010 年	2013 年	2016 年	2019 年
网络密度	0.150	0.140	0.170	0.180
集聚系数	0.193	0.292	0.323	0.415
平均路径长度	1.556	8.719	8.989	4.022

由表 5-3 可知，2010—2019 年全球石墨烯产业技术合作创新网络密度呈现逐渐增强的趋势，由 2010 年的 0.150 增长到 2019 年的 0.180，网络密度的不断提升有利于石墨烯产业知识在网络内的流动与扩散。虽然创新组织间的联系日益频繁，但主体间的创新关联较低，还有很大的提升空间，集聚系数从 2010 年的 0.193 逐年增加到 2019 年的 0.415，而随着网络的不断完善，平均路径长度开始逐渐下降，到 2019 年降为 4.022，即 2 个创新组织只需要经过 4.022 条边就可以发生联系。2019 年，全球石墨烯产业技术合作创新网络具有较高的集聚系数和较低的平均路径长度，具备"小世界"特性。

5.3.2 群体网络特征分析

上文对石墨烯技术合作创新网络整体网络特征进行了特征归纳，下面将整体网络细分为群体网络结构。利用 k- 核和凝聚子群来研究石墨烯技术合作群体网络特征。

5.3.2.1 k-核分析

k-核分析主要用来分析社会网络子群特征，若一个子图中所有节点都至少与 k 个其他节点相连，则称子图为 k-核，具体可以利用 UCINET 软件进行计算。在石墨烯全球技术合作创新网络中，利用 k-核分析任意一个创新组织与该网络中至少 k 个创新组织开展了合作，具体结果如表 5-4 所示。

表 5-4　　　　石墨烯全球技术合作创新网络 k-核分布

k-核	0-核	1-核	2-核	3-核	4-核
数量	35 个	77 个	23 个	3 个	12 个
占比	23%	51%	15%	3%	8%

由表 5-4 可知，通过 UCINET 软件进行计算，在石墨烯技术合作创新网络中存在孤立点 35 个，创新企业与另一家创新企业或科研院所有合作关系的为 77 家，与 2 家企业或科研院所有合作关系的为 23 家，与 3 家企业或科研

院所有合作关系的为3家，而与4家企业或科研院所有合作关系的为12家。通过 k-核可以了解到全球石墨烯技术合作以两家创新组织合作为主（所占比例为51%），两家以上创新组织的合作趋势在增加。具体存在孤立的石墨烯企业仅是由于其与所在网络中企业或科研院所的研发合作频次未超过7次。

5.3.2.2 凝聚子群分析

采用 UCINET 软件中的 CONCOR（Convergent Correlations）进行聚类分析，将最大分割深度设置为2，得到2010年和2019年全球石墨烯产业技术合作创新网络凝聚子群分析结果，如表5-5所示。

表5-5　2010年和2019年全球石墨烯产业技术合作创新网络凝聚子群分析结果

子群划分	2010年	2019年
子群1	ARI、MIC、TOCC、KAU	ASC、BIT、ZSM、HHPI、JSU
子群2	IBM、NEC、DU、JPC、BCG、CSD、HSC、ICYU、SPT、TTOU、NUGU、KKTC	BJW、JTP、JEP、KNPD、RBFS、GFM、MMC、TBT、UCC、KGOC
子群3	OLST、CAS、TSU、TOU、HPI	CRC、PEK、TSU、CAS、ZJU、JAM、HGT、JST、SKT
子群4	HOKU、NUHU、OSP、BOT、SEC、SRDF、SUFF、JSTA、WWA	ZNN、NCN、KNM、XMU、ZCL、JAM、NCC、SHC

由表5-5可知，全球石墨烯产业技术合作创新网络内各创新组织在选择建立创新联系时，地理距离仍然是重要的影响因素，但并非决定性因素。2010年，子群1和子群2内创新组织主要是以来自欧美国家为主，包括 Actega Radcure Inc.（ARI）、IBM、The Trustees of Princeton University（TTOU）等；子群3主要以我国创新组织为主，包括海洋王照明科技股份有限公司、中国科学院（CAS）、清华大学、鸿富锦精密工业（深圳）有限公司等；子群4则主要是以日韩企业或科研机构为主，包括三星电子公司、Sungkyunkwan University Foundation for Corporate Collaboration、Hokkaido University（HOKU）、Japan Science and Technology Agency（JSTA）等。而到了2019年，全球石墨烯

产业技术合作创新网络发生了显著变化，虽然子群 3 还是以中国铁建大桥工程局集团有限公司、北京大学、清华大学、中国科学院等我国企业或科研机构为主，但其他组群中我国创新组织也越来越多，如子群 1 中的鸿海精密工业股份有限公司、北京理工大学等；子群 2 中的盛荣新材料科技（嘉兴）有限公司（JEP）、昆山国显光电有限公司（KGOC）等；子群 4 中的厦门大学（XMU）、韶关市合众化工有限公司（SHC）等，这说明我国石墨烯产业创新组织已经不再受限于地理距离，开展跨国界的合作越来越多，这极大促进了我国石墨烯产业的发展，加快了产业创新步伐。

基于凝聚子群分析结果，运用 UCINET 软件测算了 2010 年和 2019 年各子群的密度，具体结果见表 5-6 和表 5-7。

表 5-6　　　2010 年全球石墨烯产业技术合作创新网络凝聚子群密度

子群划分	子群 1	子群 2	子群 3	子群 4
子群 1	0.015	0.001	0.013	0.001
子群 2	0.001	0.417	0.001	0.001
子群 3	0.009	0.001	0.061	0.001
子群 4	0.001	0.001	0.001	0.282

表 5-6 主对角线上的值代表全球石墨烯产业技术合作创新网络各子群的密度，非对角线上的值表征子群间的相互影响。2010 年，以 IBM 等为代表的欧美创新组织构成的网络密度最高，日韩其次，我国创新组织密度较低，全球石墨烯产业关系网络在空间上整体分布不均。子群 2 和子群 4 虽然内部联系较为紧密，但与子群 1 和子群 3 联系较少，说明全球石墨烯产业技术合作创新相对比较封闭，创新组织间的合作在同一子群内较多，对外影响力较弱，不利于网络边缘位置的创新组织提高合作创新能力。

从表 5-7 可知，2019 年，在全球石墨烯产业技术合作创新网络中子群 2 密度虽然仍是最高，但与子群 3 的差距相差不大。经过近 10 年的发展，我国石墨烯产业取得了长足的进步，缩小了与欧美发达国家的差距。对比 2010 年

表 5-7　2019 年全球石墨烯产业技术合作创新网络凝聚子群密度

子群划分	子群 1	子群 2	子群 3	子群 4
子群 1	0.001	0.056	0.008	0.018
子群 2	0.026	0.105	0.018	0.010
子群 3	0.010	0.015	0.097	0.005
子群 4	0.016	0.009	0.001	0.019

各子群密度不难发现，子群间的相互作用也明显增强，即全球石墨烯产业技术合作创新不再仅局限于子群内组织，跨子群、跨国界的合作越来越多，子群 1 和子群 2 的相互作用分别为 0.026 和 0.056，而 2010 年均为 0.001；子群 1 和子群 4 的相互作用值分别为 0.016 和 0.018，而 2010 年均为 0.001。全球石墨烯产业技术合作创新跨子群、跨国界联系增强，促进了创新资源由网络位置核心区向边缘地区的溢出，进而带动边缘位置合作创新能力提升，有助于缩小不同创新组织间的差距。

5.3.3　个体网络特征分析

5.3.3.1　个体网络中心性

运用 UCINET 软件，本研究计算了度数中心度、接近中心度和中间中心度 3 个指标，限于篇幅，这里仅展示 2010 年和 2019 年度数中心度和接近中心度数据，具体如表 5-8 所示。

表 5-8　2010 年和 2019 年全球石墨烯产业技术合作创新网络中心度

排序	2010 年				2019 年			
	内向度数中心度		内向接近中心度		内向度数中心度		内向接近中心度	
1	OLST	25.000	TOU	0.900	PEK	19.000	CAS	0.981
2	STC	14.000	NUHU	0.900	CAS	18.000	JST	0.953
3	SOLE	12.000	SEC	0.893	ZJU	18.000	JSU	0.938

续表

排序	2010 年				2019 年			
	内向度数中心度		内向接近中心度		内向度数中心度		内向接近中心度	
4	SUFF	12.000	UNSF	0.892	HGT	14.000	SKT	0.862
5	SOST	12.000	STC	0.892	JXG	10.000	JNM	0.861
6	SEC	10.000	TMC	0.877	CXNT	8.000	JAM	0.861
7	UNSF	8.000	WMRU	0.877	TSU	8.000	CCET	0.839
8	TSU	6.000	KGU	0.877	NCN	7.000	CVI	0.837
9	HPI	4.000	JSTA	0.877	NDHU	7.000	HGT	0.836
10	TOU	4.000	BOR	0.876	XMU	7.000	ZJU	0.835
11	DC	4.000	HOKU	0.869	BIT	7.000	SCT	0.835
12	WWA	3.000	WWA	0.862	JCF	6.000	NDHU	0.834
13	TMC	3.000	SPPC	0.862	JSU	6.000	GUE	0.832
14	SPPC	3.000	TEAG	0.862	ZAM	6.000	DSC	0.821
15	AIST	3.000	KGAK	0.862	SJGT	6.000	GUT	0.820
16	KGAK	3.000	OSP	0.862	SHC	6.000	ZAM	0.810
17	HOKU	3.000	AIST	0.855	DSC	5.000	SNM	0.809
18	JPU	3.000	DC	0.855	JGR	5.000	FWI	0.808
19	SEMC	2.000	NINS	0.855	WCG	5.000	GJP	0.807
20	NINS	2.000	SEMC	0.855	JCN	5.000	ASC	0.778

由表 5-8 可知，与之前分析的类似，在全球石墨烯产业技术合作创新网络中拥有较高关联度的创新组织也拥有较高的内向度数中心度。2010 年，在内向度数中心度前 10 位的创新组织中，仅有海洋王照明科技股份有限公司指标值超过 20；University Sungkyunkwan Found、清华大学、鸿富锦精密工业（深圳）有限公司和 Tohoku University（TOU）的指标值还不到 10，创新组织间内向中心度差距较大。2019 年，内向度数中心度前 10 位的创新组织中，虽

然指标值超过 10 的组织数量略微有所减少，但不同创新组织间的差距进一步缩小，指标值最高与最低的差距由 21 降为 12。整体来看，内向度数中心度排名前 20 的创新组织间的差距均在缩小。这意味着，在石墨烯产业网络不断扩大的同时，不同创新组织之间的联系也日益增强，特别是网络中心位置组织与边缘位置创新组织的合作增强，进而增强了产业知识溢出，缩小了不同创新组织间的联合创新差距。

从内向接近中心度看，2010 年指标值前 5 位的创新组织分别为 Tohoku University、National University Corporation Hokkaido University（NUHU）、三星电子公司、University Sungkyunkwan Found 和三星 Techwin 公司；而到 2019 年前 5 位分别为北京大学、中国科学院、浙江大学、杭州高烯科技有限公司和江苏江南烯元石墨烯科技有限公司，说明经过近 10 年的发展，我国石墨烯产业在全球技术合作创新网络中的合作越来越多。整体来看，2019 年内向接近中心度指标值小于 2010 年，这也在一定程度上说明了虽然网络规模逐渐扩大，但是内部组织之间的联系相对而言并未快速增加，导致网络中创新组织间的联系密切程度略微下降。

通过对比两项中心性指标不难发现，拥有较高内向度数中心度的创新组织并未拥有较高的内向接近中心度，如 2019 年北京大学、浙江大学、清华大学等有较高的内向度数中心度，但接近中心度较低，这说明处于网络位置较好的创新组织在网络中相对稳定，不容易被其他组织影响；而杭州高烯科技有限公司、江苏江南烯元石墨烯科技有限公司、常州超顺电子技术有限公司（CCET）等企业有较低的内向度数中心度，但其接近中心度较高，说明这些企业具有较强的可变动性，有利于同其他创新组织产生合作，增加技术合作创新机会。

5.3.3.2 个体网络结构洞

结构洞是指网络中的两个组织想发生联系只能通过另外一个组织才能相互沟通，那么另外这个组织的位置就属于结构洞位置，常用的测度指标包括有效规模、效率、限制度、等级度等。本研究从有效规模和限制度两方面考察结构洞，利用 UCINET 软件对两个指标进行分析，具体结果如表 5-9 所示。

表 5-9 2010 年和 2019 年全球石墨烯产业技术合作创新网络有效规模和限制度

排序	2010 年				2019 年			
	有效规模		限制度		有效规模		限制度	
1	SEC	6.000	SEC	0.190	CAS	11.000	CAS	0.145
2	SUFF	4.000	TOU	0.280	PEK	11.000	WCG	0.200
3	TOU	4.000	AIST	0.360	ZJU	5.900	PEK	0.215
4	DC	3.333	TMC	0.360	XMU	5.333	WRT	0.280
5	AIST	3.000	SUFF	0.373	WCG	5.000	CRC	0.333
6	OLST	3.000	CAS	0.500	JXG	4.336	OIT	0.333
7	TMC	3.000	KIST	0.500	SFT	4.083	TSU	0.337
8	SPPC	2.375	UUFC	0.500	TSU	4.000	BIT	0.358
9	HOKU	2.333	STC	0.502	WRT	4.000	ASC	0.375
10	KGAK	2.200	OLST	0.505	ZEV	4.000	ZSM	0.375
11	WWA	2.200	TSU	0.537	CXNT	3.767	XMU	0.387
12	CAS	2.000	DC	0.556	ZAM	3.750	ZEV	0.388
13	JPU	2.000	KGE	0.556	SJGT	3.600	WSE	0.389
14	KGE	2.000	SEMC	0.556	JSU	3.375	ZNM	0.389
15	KIST	2.000	WMRU	0.556	NCN	3.315	CCET	0.429
16	SEMC	2.000	JPU	0.625	JCF	3.267	JCC	0.440
17	STC	2.000	SPPC	0.627	ASC	3.000	WOV	0.440
18	TSU	2.000	UNSF	0.680	BIT	3.000	WRI	0.440
19	UUFC	2.000	HOKU	0.728	CCET	3.000	ZAM	0.457
20	UNSF	2.000	KGAK	0.760	CSD	11.000	CSD	0.145

由表 5-9 可知，整体来看，有效规模越大的创新组织，往往限制度也比较低。2010 年，有效规模较大的前 5 名创新组织分别为三星电子公司、Sungkyunkwan University Foundation for Corporate Collaboration、Tohoku

University、Denso Corp 和 National Institute of Advanced Industrial Science and Technology（NIAAI）；限制度较小的前 5 名分别为三星电子公司、Tohoku University、National Institute of Advanced Industrial Science and Technology、丰田汽车公司（TMC）和 Sungkyunkwan University Foundation for Corporate Collaboration，说明这些创新组织在网络中处于核心枢纽位置，在石墨烯产业网络中起到引领作用。2019 年，有效规模较大的前 5 名分别为中国科学院、北京大学、浙江大学、厦门大学和万华化学集团股份有限公司（WCG）；限制度较低的前 5 名分别为中国科学院、万华化学集团股份有限公司、北京大学、无锡市儒兴科技开发有限公司（WRT）和中国铁建大桥工程局集团有限公司（CRC）。通过对比发现，不管是有效规模还是限制度，我国创新组织在全球石墨烯产业技术合作创新网络中的优势越来越突出，这对于我国加快在前沿领域的创新，进而带动整个产业技术创新和经济高质量发展具有重要意义。

5.3.4　中间人分析

为进一步分析网络中间位置的创新组织在三方关系中扮演的角色，下面对主要的 31 个创新组织中间人角色进行分析，具体结果如表 5-10 所示。

表 5-10　2019 年全球石墨烯产业技术合作创新网络各组织的中间人数量

单位：家

子群划分	组织	协调员	顾问	守门人	代理人	联络人	总计
子群 1	BIT	1	2	0	1	1	5
	ZSM	1	0	0	0	1	2
	HHPI	0	1	1	0	0	2
	JSU	1	0	0	0	1	2
	SPT	0	0	0	0	1	2
	WSE	0	1	0	0	0	1
	GUT	1	0	1	0	0	2
	UCA	0	0	0	0	1	1

续表

子群划分	组织	协调员	顾问	守门人	代理人	联络人	总计
子群 2	JEP	0	1	0	1	0	2
	GFM	0	0	0	1	0	1
	TBT	1	0	0	0	0	1
	HDQ	0	1	1	0	0	2
	YEC	1	0	0	0	1	2
	BTG	0	1	0	0	0	1
	BII	0	0	1	0	0	1
	JGR	1	0	0	1	0	2
子群 3	CRC	0	0	1	0	0	1
	PEK	1	2	0	2	1	6
	TSU	1	0	1	1	0	3
	CAS	1	0	1	0	2	4
	ZJU	1	2	0	1	0	4
	HGT	0	0	1	1	0	2
	SKT	0	1	0	0	0	1
子群 4	ZNN	0	0	0	0	1	1
	KNM	1	0	1	0	0	2
	XMU	0	1	0	0	1	2
	ZCL	1	0	0	1	0	2
	XJT	0	1	0	0	0	1
	JCN	1	0	1	0	0	2
	GCN	1	1	0	0	0	2
	NCC	0	0	1	0	1	2

由表 5-10 可知，31 个组织在全球石墨烯产业技术合作创新网络中扮演了不同的中间人角色。虽然整体联系网络规模不断扩大，但是各创新组织间的联系程度相对较弱，各子群内部均有若干组织担任协调员，意味着石墨烯

产业创新资源在子群内部的流动相对还不是很通畅，影响了子群内组织间的创新合作。北京大学、北京理工大学、鸿海精密工业股份有限公司等12家高校和企业在全球石墨烯产业技术合作创新网络中担任顾问的角色，表明各子群成员有进一步扩张的趋势，进而对增强网络成员间的联系程度有积极影响。同时，北京大学、清华大学、厦门大学、中国铁建大桥工程局集团有限公司等18家高校和企业担任了代理人或守门人角色，这说明对各子群而言，创新合作还需要依靠子群外部力量参与才能形成。除子群2，其余3个子群内部联络人角色较多，说明子群之间直接联系较少，还是要依靠子群内部创新组织担任联络人的角色，增强内部创新关联程度。

此外，从表5-10中不难发现，虽然清华大学、中国科学院、三星电子有限公司、鸿海精密工业股份有限公司等高校、科研机构和企业在网络中的位置比较好，但并未在子群中发挥比较大的作用。鸿海精密工业股份有限公司仅担任顾问和守门人角色，主要是增强了子群内部和外部之间的联系，但并没有增强子群内部创新资源的流动，也没有增强不同子群之间的联系。一方面，这不利于创新资源在子群内部流动，影响内部组织之间协同创新；另一方面，弱化了不同子群之间的交流，阻碍创新资源在网络中不同子群的流动，不利于整个石墨烯产业网络发展。担任中间人最多的创新组织前5名分别是：北京大学、北京理工大学、中国科学院、浙江大学和清华大学，均为高校和科研机构，说明目前这些组织在全球石墨烯产业技术合作创新网络中担任重要作用，不仅有利于我国石墨烯产业发展，对促进全球石墨烯产业发展也具有重要影响。然而，目前这些组织的角色尚未完全发挥，限制了网络内部不同创新组织的联系形成。

此外，分析发现，全球石墨烯产业技术合作创新网络中主要由120家高校、科研机构和企业构成，而仅有少数创新组织担任了中间人角色，大多数创新组织仅与少数组织发生联系，在全球石墨烯产业技术合作创新网络中处于边缘地位，长此以往，不利于全球石墨烯产业技术合作创新网络的发展。

通过对网络各创新主体在石墨烯技术合作创新网络中的地位分析，发现石墨烯全球技术合作创新网络地位具有如下特点：网络中各创新主体均以小团体合作为主，网络中存在较多内部研发的孤立点。各创新主体在整个创新网络中地位悬殊较大。在直接合作广度方面，我国企业实力不容小觑，充分证明我国在石墨烯技术研发领域非常活跃，已入围"石墨烯研发第一梯队"；有多所高校和科研机构处于中介或桥梁地位，证明我国石墨烯产学研合作基础扎实。

5.4 基于技术分类相似度的石墨烯创新主体潜在合作机会分析

上文针对石墨烯全球技术合作创新网络首先从整体网络规模密度进行了阐述，然后对整体网络进行小群体形态划分，最后对个体网络中心性及中间人所发挥的角色进行系统分析。通过研究发现我国石墨烯研发组织积极参与研发合作，且在全球石墨烯技术合作网络中处于重要地位。为进一步促进我国石墨烯产业快速发展，本节选取我国研发合作专利总量靠前的石墨烯企业，通过统计每家企业的主要专利技术主题，利用技术主题相似度匹配合作频繁且专利申请量大的国内外企业和研究机构。通过挖掘组织间相同的专利技术主题构建石墨烯研发组织潜在合作网络，为组织间深入技术子领域合作明确方向。

重点分析这些积极参与石墨烯研发合作的国内外创新组织具体理由如下。

（1）这些组织积极与其他行动者合作研发，说明其技术战略为开放式创新；

（2）这些组织联合申请专利频繁，说明其开放合作能够持续且稳定；

（3）这些组织联合申请专利总量排名靠前，不仅说明其研发能力较强，而且研发合作经验也非常丰富；

（4）这些组织合作的技术主题必然是其独自研发难点或未来技术热点，有必要进行着重关注；

（5）鉴于目前国际形势不明朗，逆国际化兴起，我国在寻求多组织多渠道研发合作的潜在合作者时，不仅需要关注国外核心石墨烯企业，更需要整合我国石墨烯研发优势，促进我国新兴产业发展。

目前，专利技术分类体系包括IPC分类（国际专利分类）、USPC（美国专利分类）、ECLA（欧洲专利分类）、FI/FT（日本专利分类）、KIPO（韩国专利分类）。除美国知识产权局采用 USPC，欧洲、日本、韩国和我国国家知识产权局采用的专利分类体系均参考了 IPC 分类标准。因此，本研究在进行专利分类提取中采用应用广泛且较为权威的 IPC 专利分类体系。IPC 专利分类体系采用五级子分类，具体包括部、大类、小类、主组和分组（见图 5-3）。

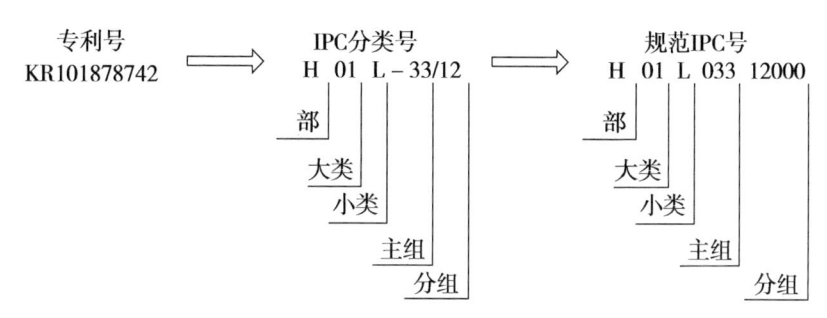

图 5-3 IPC 专利分类体系

5.4.1 我国开放式创新石墨烯企业技术子领域专利主题分布

下面选取我国联合申请石墨烯专利量排名前 5 位的石墨烯企业进行技术主题统计。5 家企业分别为中国国家电网（SGCC）、中国石化（SINOPEC）、京东方科技集团（BOE）、欧菲光集团（O-FILM）和远东集团（FAR EAST），如表 5-11 所示。

统计这 5 家企业的技术主题，进而关联技术邻近的企业和科研机构的具体步骤如下。

（1）在本章搜索下载整理的石墨烯技术专利库中查找申请人为所研究企业及附属控股公司，研究机构及其附属机构，并参考专利最终归属权对属于所研究企业和科研机构的专利进行汇总统计。

（2）提取企业和科研机构的第一专利分类号（First IPC Classification）。

（3）利用相同技术 IPC 号匹配两个石墨烯组织。当两个组织拥有相同的技术分类号时，两个组织便有了联系，连线次数代表两个组织拥有相同专利 IPC 号的数量。两个组织具有相同技术分类号越多，意味着它们的技术研发关注点越接近，具有潜在合作的可能性越大。

（4）运用Netdraw可视化软件建立基于相同技术主体分类号下的石墨烯组织间合作潜能网络。

（5）在网络拓扑图中，使用三角节点代表重点关注的我国5家企业，深灰色正方形代表匹配的我国企业和高校科研机构，浅灰色正方形节点表示匹配的国外企业和高校科研机构。

石墨烯技术领域专利技术及所研究创新企业关注的技术焦点通过石墨烯技术IPC分类进行识别，具体汇总如表5-11所示。

表5-11　　我国主要石墨烯合作企业技术分类汇总

企业	IPC部统计（数量）	具体技术主题分类
SGCC	A（1）；B（12）；C（64）；E（2）；F（2）；G（12）；H（88）	H02G00702000；C09D17514000；H01F02702000；C09D16300000；H01M01005250；C01B03218400；C22C00110000；H01R00466000；B01L00700000；B60L01118000；C01B03104000；C02F00146900；C08L02308000；C08L06300000；C09D12712000；C09D13308000；C09D18304000；G01K01300000；G01N02712000；H01B00900000（略）
SINOPEC	A（1）；B（30）；C（119）；D（10）；E（3）；F（1）；G（4）；H（8）	C08L02312000；C08F21214000；C08L06900000；C08L01500000；C08L02306000；C08L02308000；D01F00646000；B01J02342000；C01B03104000；C08L06704000；C09K00803000；G01N02730000；B01J02724000；C08J00940000；C10M16906000；C11C00310000；H01M00436000（略）
BOE	A（8）；B（4）；C（21）；F（4）；G（156）；H（164）	G06F00304100；H01L02732000；H01L05152000；H01L02978600；H01L02712000；G02F00113350；G06F00304400；G02F00113357；G02F00113390；G02F00113430；G02F00113330；G09F00930000；H01L05150000；H01L05156000；G02F00129000；G06F00304500；G09G00332080；H01L02177000；H01L05100000（略）
O-FILM	B（5）；C（1）；G（82）；H（22）	G06F00304100；G06F00304400；H01B00514000；B32B00904000；G06F00303540；H01Q00122000；B32B00300000；B32B00702000；B32B02708000；C23C01626000；G06F00116000；G06F00304800；H05K00109000；H05K00111000；H05K00300000

续表

企业	IPC 部统计（数量）	具体技术主题分类
FAR EAST	C（8）；F（1）；H（15）	C08L02308000；H01B00902000；C08L05106000；H01B00104000；H01B00702000；H01B00900000；C08L02316000；F16G00128000；H01B00510000；H01B00717000；H01B00732000；H01B00742000；H05B00356000

由于石墨烯的颠覆传统材料的优异性能，5家企业研发的石墨烯技术专利中IPC共涉及了所有8个大部。其中，H部（电学）和G部（物理）申请数量最多；B部（作业运输）和C部（化学冶金）次之；D部（纺织造纸）、A部（人类生活必需）、F（机械工程照明和加热）、E部（固定建筑物）申请数量顺次减少。石墨烯技术领域共涉及46个大类以及其中82个小类。根据对石墨烯技术专利的统计，发现目前5家企业并没有研发合作，但具体汇总技术主题分类时发现它们有相同的专利技术主题，5家企业的研发合作可能性如图5-4所示。

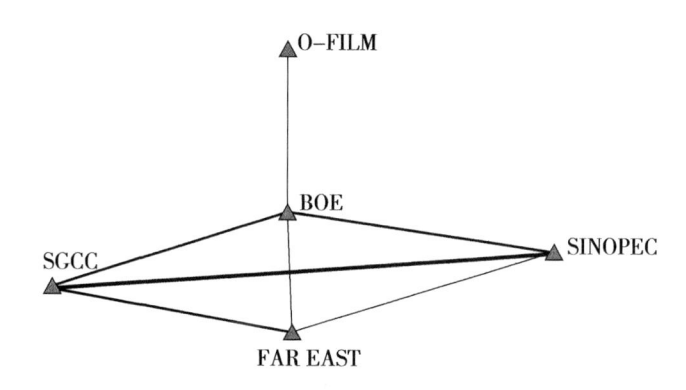

图5-4 我国石墨烯研发合作度高的5家企业之间潜在合作拓扑图

由图5-4可知，可以看到5家企业具有较多相同的技术关注主题。其中，中国国家电网、中国石化和远东集团在IPC为C08L02308000时，研发合作协同创新的可能性最大。此技术分类下的技术注释为乙烯共聚物，添加石墨烯材料之后的乙烯共聚物既可作为半导电屏蔽料改善高压电缆电性和表面光滑度，也可作为阻燃剂应用于汽车部件、医疗器械、电子包装、家居用品、低温冷链包装、体育器材、建筑保温及航空航天等对阻燃抗静电低温抗冲击有综合性要求的领域。中国国家电网、中国石化和京东方科技集团则共同关注 IPC 为 C01B03104000（石墨）和 H01M00436000（作为活性物质、活性体、活性液体的材料的选择）。前一种技术广泛用于石墨烯添加到其他材料以改变其内在性能方面，后一种技术可作为导电发电添加剂应用于显示技术领域。而欧菲光集团仅与京东方科技集团在电子信息领域有协同研发合作的可能性。京东方科技集团在石墨烯技术方面具有研究领域多样化、广泛化的特点。

5.4.2 国外石墨烯合作活跃创新主体潜在合作机会分析

在识别与国外石墨烯合作潜在机会时，选取的国外石墨烯技术创新领先企业包括：韩国三星（SAMSUNG）、德国巴斯夫（BASF SE）、韩国 LG 集团（LG）、德国博世（BOSCH）和日本积水化学工业株式会社（SEKISUI）。选取的国外科研院所包括：韩国首尔大学（SEOUL NATIONAL UNIV）、韩国成均馆大学（SUNGKYUNKWAN UNIV）、延世大学（YONSEI UNIV）、蔚山科学技术大学（UNIST）以及日本的东北大学（TOHOKU UNIV）。

图 5-5 中前 5 个代表了我国 5 家企业与国外石墨烯研发企业和科研机构合作潜能拓扑图。从图中可以看出，我国主要石墨烯企业与国外石墨烯企业和科研机构存在不同程度的技术合作可能性。中国国家电网、中国石化、京东方科技集团与国外石墨烯研发组织存在的技术关注点相近潜在创新领域较多。欧菲光集团主要的潜在伙伴为韩国三星和 LG 集团以及韩国成均馆大学。远东集团与韩国三星、德国巴斯夫、韩国 LG 集团、日本积水化学工业株式会社以及选取的国外科研院所韩国成均馆大学、延世大学合作机会均等。国外企业中的韩国三星、LG 集团和科研机构中的韩国成均馆大学、延世大学石墨烯技术研究领域与我国企业技术关注相似点非常多，是我国石墨烯企业重点学习和关注的榜样。

5.4.3 国内石墨烯合作活跃创新主体潜在合作机会分析

在识别国内石墨烯合作潜在机会时，选取的国内石墨烯技术创新领先

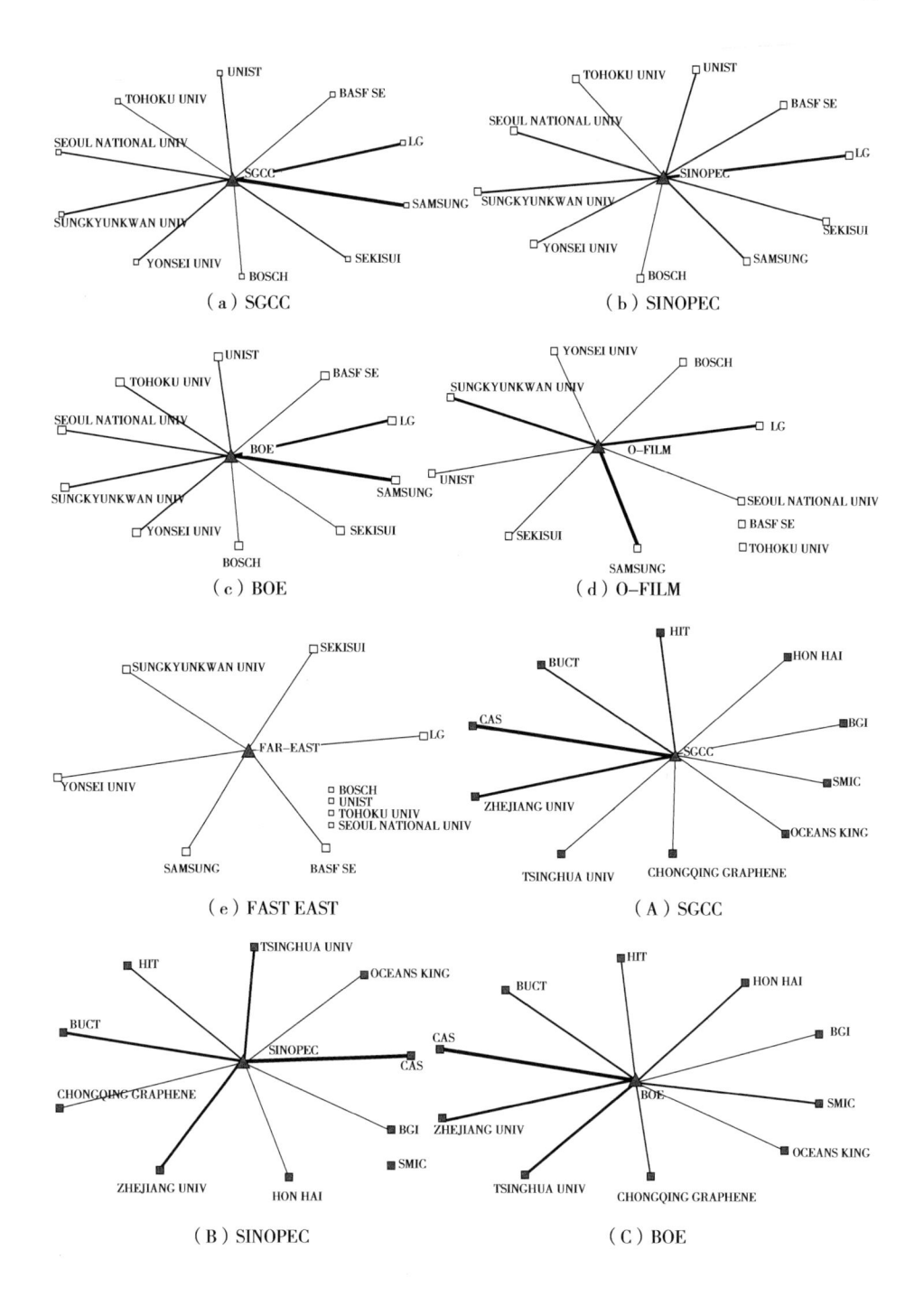

第 5 章　石墨烯技术合作网络特征演化

（a）SGCC

（b）SINOPEC

（c）BOE

（d）O-FILM

（e）FAST EAST

（A）SGCC

（B）SINOPEC

（C）BOE

107

(D) O-FILM　　　　　　　　　　(E) FAR EAST

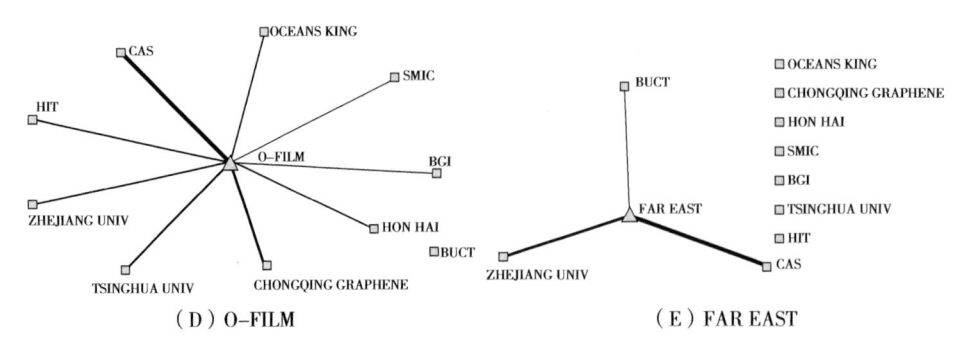

注：括号里小写字母表示国内石墨烯组织，大写字母表示国外石墨烯组织。
图 5-5　我国石墨烯研发合作频繁的企业与国内外石墨烯企业协同创新潜在拓扑图

企业包括：海洋王科技（OCEANS KING）、台湾鸿海集团（HON HAI）、中芯国际（SMIC）、重庆墨希科技（CHONGQING GRAPHENE）和北京石墨烯研究院有限公司（BGI）。选取的国内科研院所包括清华大学（TSINGHUA UNIV）、中国科学院（CAS）、北京化工大学（BUCT）、哈尔滨工业大学（HIT）和浙江大学（ZHEJIANG UNIV）。图 5-5 中后 5 个拓扑结构图显示的是所研究与国内石墨烯研发机构的潜在合作创新关联。从图中可以看到，中国国家电网和京东方科技集团技术关联匹配程度较一致的多为科研高校和机构，中国科学院是与它们关注点最多的科研机构。企业中的海洋王科技与中国国家电网的相同技术关注点最多，具体技术潜在合作领域为对石墨烯原有化合物或组合化合物的释放、分离和纯化。与京东方科技集团关注技术点较一致的是台湾鸿海集团，它们比较关注石墨烯在复合材料中作为黏合剂的应用以及在光学器件与装置应用。欧菲光集团潜在合作机会最大的企业是重庆墨希科技，两家企业都重点关注石墨烯在电气元件及电路传输方面的应用。远东集团的潜在合作机构并没有企业，仅为 4 所高校科研机构：中国科学院、北京化工大学、浙江大学和清华大学，它们共同关注石墨烯高分子化合物制备和石墨烯用作导体材料。具体 5 家企业与国内外潜在机构合作领域见表 5-12。

表 5-12　　具体每个潜在机构与合作领域

研究企业	合作可能性较大的机构		具体的潜在合作技术领域
SGCC	国外	SAMSUNG；LG；SUNGKYUNKWAN UNIV；SEOUL NATIONAL UNIV	添加石墨烯的导电剂借助石墨烯的化学或物理性质测试或分析材料
	国内	OCEANS KING；CAS；ZHEJIANG UNIV	释放、分离或纯化原有石墨烯化合物/组合物，或制作涂料组合物
SINOPEC	国外	LG；SAMSUNG；SUNGKYUNKWAN UNIV；SEOUL NATIONAL UNIV；UNIST	添加石墨烯的催化剂（添加到包含金属或金属氧化物或氢氧化物）、有机高分子化合物及其制备或化学加工
	国内	OCEANS KING；HON HAI；CAS；ZHEJIANG UNIV；TSINGHUA UNIV；BUCT	催化作用或胶体化学的方法及其有关设备、掺杂其他元素制备石墨烯薄膜的方法
BOE	国外	LG；SAMSUNG；SUNGKYUNKWAN UNIV；YONSEI UNIV	添加石墨烯的化合物用于控制光的强度、颜色、相位、偏振或方向的器件或装置
	国内	HON HAI；CHONGQING GRAPHENE；CAS；TSINGHUA UNIV	添加石墨烯作为黏合剂方法或材料，用于控制光的强度、颜色、相位、偏振或方向的器件或装置
O-FILM	国外	SAMSUNG；LG；SUNGKYUNKWAN UNIV	石墨烯用于电气数字数据处理、制备层状产品
	国内	CHONGQING GRAPHENE；OCEANS KING；HON HAI；CAS；TSINGHUA UNIV	基本电气元件及装置、电路传输数据的装置
FAR EAST	国外	SAMSUNG；LG；BASF SE；SEKISUI	石墨烯在电缆，导体，绝缘体，导电、绝缘或介电材料中的应用
	国内	CAS；BUCT；ZHEJIANG UNIV；TSINGHUA UNIV	石墨烯高分子化合物制备，石墨烯用作导体材料

5.5 本章小结

借助 UCINET 软件,对全球石墨烯产业技术创新合作网络演变过程进行详细分析,并深入讨论不同创新组织在网络中发挥的作用,主要得到以下几点结论。

第一,全球石墨烯产业技术合作创新网络规模持续扩大,不同创新组织间的联系更加频繁,我国以北京大学、中国科学院、中国石油化工集团、杭州高烯科技有限公司等为代表的创新组织在网络中的位置越来越重要。从我国石墨烯产业技术合作创新分布情况看,北京、上海、广州、深圳、杭州等东部城市的创新组织间合作较为密切,中西部城市石墨烯产业技术合作创新较弱,产业创新关联空间分布不均。

第二,全球石墨烯产业技术合作创新网络规模不断扩大,网络密度由 2010 年的 0.150 增长到 2019 年 0.180,促进了创新资源在网络中的传播与扩散;同时,网络具有较高的集聚系数和较低的平均路径长度,具备"小世界"特性。然而,关联程度相对增长缓慢,导致整体密度较低。随着石墨烯产业的发展,以中国科学院为代表的我国石墨烯产业创新组织拥有较高的有效规模和较低的限制度,在全球石墨烯产业技术合作创新中的优势明显。

第三,地理距离是影响全球石墨烯产业技术合作创新的重要因素,但随着产业网络化发展,这种影响程度正在逐渐弱化。全球石墨烯产业技术创新合作由开始的联系多局限于子群内部,逐渐发展到子群之间,特别是我国与欧美发达国家创新组织间的子群密度进一步降低,跨子群、跨区域联系不断增强,有助于创新资源由核心区向边缘地区溢出。在网络中扮演中间人角色的创新组织加快了全球石墨烯产业技术合作创新网络的形成与发展,但仍有很多高校、企业和科研院所在网络中并未承担中间人角色。

第四,基于技术分类相似度的我国石墨烯企业潜在合作机会分析中,所研究的 5 家企业:中国国家电网(SGCC)、中国石化(SINOPEC)、京东方科技集团(BOE)、欧菲光集团(O-FILM)和远东集团(FAR EAST)研发的石墨烯技术专利 IPC 技术分类 8 个部均有涉及，且它们之间存在相同的技术关注主题，具有协同研发合作的可能性。通过与国外石墨烯合作活跃创新主体的潜在合作机会分析得出，国外企业中的韩国三星（SAMSUNG）、LG 集团（LG），以及科研机构中的韩国成均馆大学（SUNGKYUNKWAN UNIV）、延世大学（YONSEI UNIV）的石墨烯技术研究领域与我国企业的技术关注相似点非常多，是我国石墨烯企业重点学习和关注的榜样。通过与国内石墨烯合作活跃创新主体的潜在合作机会分析得出，中国科学院与所研究的 5 家企业的石墨烯相同技术关注点最多。海洋王科技（OCEANS KING）与中国国家电网（SGCC）的相同技术关注点最多。

第6章

石墨烯技术合作关系对技术创新的网络效应

6.1 理论分析与研究假设

6.1.1 网络结构与技术创新

随着知识更新速度加快和产品创新周期缩短，越来越多的创新组织通过建立合作网络从事复杂性较高的创新活动。技术合作创新网络的形成，一方面，有利于创新组织间进行交流，特别是隐性知识的传播，能够降低企业创新成本和减少信息不对称的情况，进而提升创新绩效；另一方面，网络内组织开展知识共享或共同研发产品，可以通过合作进行优势互补、丰富知识结构，通过相互间的知识外溢效应，提升网络整体的创新效率。本研究主要从中心性和结构洞两个维度分析合作网络结构对技术创新的影响，并讨论组织内发明人网络、地理邻近性和制度邻近性是否在其中发挥调节作用。

6.1.1.1 中心性对技术创新的影响

创新组织中心性与其能连接的网络节点数量密切相关，在很大程度上决定着其从外部获取异质性资源数量的多少和质量的高低。从宏观上看，在技术合作创新网络中，石墨烯产业创新组织通过与其他组织进行联合研发，有利于知识和信息通过合作网络加速流动，特别是处于网络中心位置的创新组织更便于利用网络优势获取异质性创新资源，通过知识结构互补和信息的充分交流，降低了因创新复杂程度高而带来的不确定性和高成本，从而有利于提升组织技术创新水平。网络中心性提升有利于知识流动，而知识流出对创新组织会产生正向影响，网络中心位置通过吸收能力间接作用于创新组织的技术创新绩效。同时，由于创新性知识在不同组织间传递的过程中可能存在遗漏或者失真现象，网络中心性较高的创新组织基于网络位置优势，可以凭借较短的传输路径降低知识传播失真率，实现对异质性知识的高效利用，加速技术创新活动。处于网络核心位置的创新组织往往在行业或产业内有一定的声誉，这有利于其与优质的创新组织开展合作和知识共享，进一步降低知识搜寻、沟通等成本，进而提升创新成功率。从微观上看，组织内部发明人是组织间企业合作创新网络的行动者，也是创新组织建立合作创新网络的基础。发明人之间的合作网络增加了组织内部知识流动的强度，会降低组织整体获取外部信息的优势，提高组织制定创新决策的准确性和有效性。因此，组织内部发明人之间的合作网络密度在创新组织间合作网络影响技术创新中发挥调节作用。然而，创新组织的中心性可能并非越高越好，当中心性超过一定程度时，组织通过网络接触到的异质性创新资源过多，对不同的信息与知识的甄别和学习成本较高；同时，可能存在认知惰性、资源使用监管困难等问题，反而可能对技术创新产生不利影响。基于此，本研究提出如下研究假设。

H1：石墨烯产业专利合作网络中心度与组织技术创新存在倒U形关系，且受组织内部发明人合作网络密度的调节影响。

6.1.1.2 结构洞与对技术创新的影响

创新合作网络中的结构洞本质上是某个创新组织同其他主体间联系的桥梁，占据结构洞位置的创新组织是网络中知识流动的关键中介。结构洞位置通常用有效规模、限制度等指标反映，其中，有效规模反映网络中创新组织之间的非冗余联系，有效规模越大，意味着该创新组织在网络中可获取的异质性创新资源越多；限制度反映网络中创新组织运用结构洞能力的大小，限制度越低，说明该创新组织在网络中的受限程度越低，越有利于同网络中其他组织取得联系。因此，占据结构洞位置的创新组织更容易通过发挥位置优势获取收益。此外，位于结构洞两端的创新组织并不存在直接的合作关系。创新组织可以从结构洞两端获取创新知识，特别是异质性创新资源，通过知识结构互补构筑技术创新的知识基础优势，以知识创新推动技术合作创新，最终对创新产生积极影响。与中心性不同的是，结构洞位置本身有利于创新组织获取非冗余知识，因而微观的组织内部发明人网络密度提升更有利于发挥结构洞位置优势，加快技术创新，即组织内部发明人网络密度正向调节结构洞位置对技术创新有促进作用。基于此，本研究提出如下研究假设。

H2：石墨烯产业专利合作网络结构洞与组织技术创新存在正向关系，且受组织内部发明人合作网络密度的调节影响。

6.1.2 生命周期视角的影响

不同生命周期的产业发展面临的环境、未来趋势、创新需求等存在诸多差异，导致基于技术合作创新的网络位置属性对技术创新的影响也会存在差异性。基于技术生命周期理论，某项特定技术的生命周期主要包括萌芽期、成长期、成熟期和衰退期4个阶段。2004年之前，关于石墨烯的研究相对分散，专利申请量较少；2005—2010年石墨烯产业专利申请量增长缓慢，2010年全球石墨烯专利申请量仅1000余件；但从2011年至今，专利申请量开始迅速增加，特别是2018年，石墨烯专利申请量首次突破2万件，达21328件。石墨烯产业专利申请数量增速加快，表明全球石墨烯产业正处于技术成长期。基于此，本研究主要分析萌芽期和成长期两个阶段网络位置对技术创新的影响机理。

6.1.2.1 萌芽期

当石墨烯产业发展处于萌芽期阶段时，产业内创新主体所具备的研发实力整体较低，研发风险较高，特别是对石墨烯这样的新兴技术而言，产业未来发展方向不明确，市场主体对产业了解较少，具有很大的不确定性。如果在这一时期创新主体间通过沟通和交流合作建立技术合作创新网络，可以通过网络中心度的提高加深获取知识的便利程度；同时，合作网络的建立也有利于资本、人才等创新要素的流动,进而对技术创新产生正向促进作用。然而,此时产业网络内创新主体自身实力有限,网络成员间的合作尚处于初级阶段,整体的合作网络刚刚建立,网络成员间的联系程度亟待增强,结构洞对技术创新的影响可能不显著。因此,这里提出以下研究假设。

H3:在萌芽期,网络中心性对石墨烯产业技术创新具有正向影响;而结构洞对技术创新的影响并不显著。

6.1.2.2 成长期

当石墨烯产业技术创新处于成长期时,创新主体已经具备了一定的研发实力;同时,基于前期的研究成果,创新主体对石墨烯产业发展前景也有了良好的预期。此时,创新主体间的联系程度进一步增强,技术合作创新网络不断完善。网络中心性的增加,一方面,有利于创新主体获取知识、资本等创新资源;另一方面,过高的中心性可能导致网络成员间的冗余信息泛在,合作成本增加,进而不利于技术创新。处于成长期的石墨烯产业,创新主体间的合作关系日趋增多,如果网络成员处于结构洞位置,其与其他成员的非冗余联系较多,则更容易获取异质性创新资源。因此,这里提出以下研究假设。

H4:在成长期,网络中心性与石墨烯产业技术创新的关系可能呈倒U形,而结构洞对技术创新具有正向影响。

6.1.3 邻近性的调节作用

除创新组织内部发明人网络,合作网络结构对技术创新的影响可能也受其他因素的调节作用影响。一方面,地理相邻有利于创新组织间进行面对面交流,加速知识在整个合作网络中的传播,进而促进技术创新;另一方面,不同国家在政治、经济、文化等方面存在较大差异,因而技术合作创新可能受国别影响。基于此,本研究从地理和制度两个维度,深入分析邻近性对网络位置的调节作用。

6.1.3.1 地理邻近性的影响

地理邻近有利于不同创新组织面对面交流,而基于不同知识背景的创新组织频繁交流有利于形成技术合作创新。地理邻近性在合作网络中伙伴选择和知识获取的机会、成本及难易程度等方面发挥作用，进而对技术合作创新产生重要影响。地理邻近性较低，意味着创新组织间的地理距离较远，而知识的远距离传播容易导致相关信息丢失甚至失真，增加了创新组织对有价值知识的获取成本，延迟其知识积累，进而对创新组织的技术合作创新网络产生不利影响；相反，较远的地理距离也增加了技术合作创新网络中创新组织间关系的维系成本，不利于组织间开展协同创新活动。地理邻近性较高，意味着创新组织间的地理距离较近，则创新组织间面对面交流的机会增多，进而使合作伙伴间的交流更加便捷，更有利于企业通过技术合作创新网络获取创新性知识，通过相互学习构筑竞争优势，增加研发成功的概率。地理邻近性加强了创新组织通过网络发挥中心性对技术合作创新的促进作用。基于此，本研究提出如下研究假设。

H5：地理邻近性正向调节网络结构对技术创新具有促进作用。

6.1.3.2 制度邻近性的影响

制度邻近性较高意味着不同创新组织在文化认同、激励机制等方面高度类似，制度环境是创新组织开展技术合作创新的重要基础，有研究表明制度邻近性与知识转移、创新之间呈高度相关性。相似的制度环境有利于技术创新网络中的各主体交流学习，减少彼此间交流的障碍，通过创新性知识的自由转移提高主体协同创新合作，进而促进合作网络的完善。与地理邻近性类似，当创新组织间制度邻近性较高时，意味着技术合作创新面临的正式和非正式约束类似程度比较高，前者包括法律法规等，后者包括价值观念、文化理念等，类似的行为规范有利于创新组织通过网络开展技术合作创新，加速隐性知识传播，使合作网络更加完善；相反，如果制度邻近性较低，创新组织在不同的行为规范条件下开展合作，则会增加创新活动的交易成本，这不利于相互间的交流互动，进而对技术合作创新产生阻碍。然而，作为新材料产业的前沿领域，石墨烯产业技术合作创新网络依赖合作网络创新组织间的强缔结关系，制度邻近性较高也未必带来隐性知识的有效转化，在影响网络结构对技术创新中发挥的调节作用可能会不如地理邻近性显著。基于此，本研究提出如下研究假设。

H6：制度邻近性正向调节网络结构对技术创新具有促进作用，但显著性有限。

6.2 研究设计

6.2.1 数据收集与处理

本研究使用 Innography 中石墨烯产业领域的专利数据进行实证分析，具体数据处理及清洗过程如下：第一，对"石墨烯"这个专业术语进行检索时，选用标题、摘要和权利项进行检索，为避免重复检索，对4项技术检索后通过 NOT 组配来删除重复专利，最终得出全球石墨烯技术专利总量为103595项；第二，在总检索式中加入专利权人联合申请检索字段，共得到合作申请的专利6710项；第三，由于石墨烯组织合作专利从2010年开始快速增加，因此，研究周期为2010—2019年。为保证数据的准确性，将专利号作为唯一识别检索字段，将专利权人代码替换为专利权人名称，并采用姓氏全拼和名字全拼对发明人进行识别，以此构建微观组织内部专利发明人网络。将创新组织之间的联合申请专利数量作为网络联系强度，以各创新组织为网络节点，深入分析网络结构特征对技术创新的影响。

6.2.2 变量选取与测度

6.2.2.1 被解释变量

技术创新（TI）。虽然学界关于创新的评价并未形成共识，但专利对创新的重要性毋庸置疑，也正是由于专利的存在才使创新活动价值可衡量。石墨烯属于高技术产业，专利申请数量是该产业领域的重要体现。因此，本研究使用专利申请数量表征组织技术创新水平。

6.2.2.2 解释变量

联合专利申请数更能反映创新组织间的知识共享和技术合作,且不易受检测过程中不确定性因素的影响。因此,本研究选用石墨烯产业专利联合申请数构建合作网络,分析网络结构特征对技术创新的影响。同时,为充分表达技术合作创新的稳定性,剔除研究周期内只出现一次的联合申请组合,最终得到稳定的创新组织数量为180个,包括高校、企业和科研机构。

(1)度数中心度(DC)。度数中心度可分为绝对度数中心度和相对度数中心度,本研究选择后者表征技术合作创新主体在网络中的相对位置,其计算公式为:

$$C_{RD_i} = \frac{\sum_j x_{ij}}{(n-1)} \quad (6-1)$$

其中,C_{RD_i} 表示创新组织 i 的相对度数中心度,n 为节点总数,当创新组织间有技术合作创新时,$x_{ij}=1$;否则,$x_{ij}=0$。

(2)中介中心度(BC)。中介中心度可以反映网络中某个创新组织对整合技术合作创新网络资源的控制程度,值越大,说明其控制或者影响网络资源传递的能力越强,其计算公式为:

$$b_{jk}(i) = \frac{g_{jk}(i)}{g_{jk}} \quad (6-2)$$

$$C_{BC_i} = \sum_{j}^{n} \sum_{k}^{n} b_{jk}(i) \quad (6-3)$$

其中,g_{jk} 表示创新组织 j 和主体 k 之间存在的最短路径数,$g_{jk}(i)$ 表示创新组织 j 和主体 k 经过主体 i 的最短路径数,n 为网络中创新组织数量。

(3)有效规模(ES)。有效规模是反映节点关系网络的非冗余部分指标,其计算公式为:

$$ES_i = \sum_{j=1}^{n} \left(1 - \sum_{q=1}^{n} p_{iq} m_{jq} \right) \quad (6-4)$$

其中,p_{iq} 表示创新组织 i 所有关系中主体 q 所占比例,m_{jq} 表示创新组织

j 和主体 q 之间的边际强度，等于创新组织连接数除以创新组织 j 与其他主体连接中最大值，$q \neq i,j$。

（4）限制度（RE）。限制度主要考察网络中创新组织运用结构洞能力的大小，计算公式为：

$$RE_i = \sum_{j=1}^{n} \left(p_{ij} + \sum_{q=1}^{n} p_{iq} p_{qj} \right)^2 \qquad (6-5)$$

上式中，变量的含义同上文。

6.2.2.3 调节变量

（1）组织内部发明人合作网络密度（ND）。网络密度是反映技术合作创新网络中创新组织联系紧密程度的指标，网络密度越大，表示发明人的关系越密切，其计算公式为：

$$D = \frac{l}{n(n-1)} \qquad (6-6)$$

其中，D 为网络密度，l 为企业内发明人之间的实际合作数量，n 为组织内发明人合作网络中的发明人数量，$n(n-1)$ 为组织内发明人之间的最大可能合作数量。

（2）地理邻近性（GP）。已有研究对地理邻近性的测度主要是通过测度技术创新组织间的地理距离来表征，本研究在借鉴 Liang 和 Liu 研究的基础上，以技术合作创新主体属于同一省级行政区划则为临近，以相同省级行政区的技术合作创新主体数量与全部合作伙伴的主体数量之比表征地理邻近性。

（3）制度邻近性（SP）。从区域角度而言，省市级政府对地方技术合作创新具有重要的影响，而从全球角度而言，国家在语言、文化、法律等方面存在较大差异，进而对跨国界的技术合作创新产生重要影响。结合贺灿飞等（2017）的研究，本研究采用技术合作创新主体是否属于同一国家表征制度邻近性，如果属于同一国家，则认为创新组织间的制度邻近性较高；反之，则表示创新组织间的制度邻近性较低。

6.2.2.4 控制变量

（1）合作经验（CE）。技术合作创新既需要知识共享，也离不开良好的信任关系。创新组织的前期技术合作创新越多，可能越有利于相互了解，增强彼此间的信任程度，进而影响后期合作。创新组织合作经验越丰富，越有利于提升未来合作成功的概率。本研究选择创新组织前3年累计联合专利申请数表征合作经验。

（2）知识积累（KA）。石墨烯产业属于高技术产业，创新组织的前期知识积累和技术积淀不仅有利于自身创新能力的提升，也有利于增加技术合作创新的信任程度，提高合作成功率。本研究选择创新组织前3年累计专利申请量作为判断单个创新组织的知识积累程度的指标。

6.3 合作网络对技术创新的实证分析

6.3.1 描述性分析

下面对由180家企业、高校和科研机构组成的石墨烯产业技术合作创新网络的主要指标进行梳理，具体结果如表6-1所示。

表6-1　　　　技术合作创新网络特征描述性统计结果

变量	2010年	2011年	2012年	2013年	2014年	2015年	2016年	2017年	2018年	2019年
网络规模	180	180	180	180	180	180	180	180	180	180
网络密度	0.011	0.012	0.012	0.014	0.014	0.015	0.015	0.017	0.018	0.018
集聚系数	0.123	0.123	0.131	0.147	0.226	0.241	0.351	0.301	0.375	0.415
平均路径长度	8.989	8.101	7.851	7.317	6.115	5.718	5.201	4.905	4.891	4.022
标准差	0.242	0.271	0.223	0.301	0.255	0.217	0.238	0.207	0.224	0.203

由表6-1可知，整体网络密度呈逐渐上升趋势，由2010年的0.011增长到2019年的0.018；集聚系数由0.123增长到0.415；平均路径长度由8.989下降到

4.022。研究周期内，虽然整体网络密度仍处于较低水平，但通过对比2010年和2019年的集聚系数和平均路径长度可以发现，2019年平均路径长度较低，而集聚系数较高，具备"小世界"网络特征。

6.3.2 回归分析

为判断解释变量间是否存在多重共线性问题，进一步对其相关性进行计算，具体结果如表6-2所示。

表6-2　　　　　　　　解释变量相关系数分析结果

		DC	BC	ES	RE
DC	Correlation	1.000			
	Probability	0.000			
BC	Correlation	0.261	1.000		
	Probability	0.000	0.000		
ES	Correlation	0.251	0.139	1.000	
	Probability	0.000	0.000	0.000	
RE	Correlation	0.453	0.291	0.307	1.000
	Probability	0.000	0.000	0.000	0.000

由表6-2可知，Pearson相关系数结果显示，所有的解释变量相关系数均通过检验，P值均为零，说明解释变量不存在多重共线性问题。同时，石墨烯产业技术合作创新网络中数据均非负计数型变量，结合Hausman的检验结果（$P=0.000$），最终选择固定效应进行实证分析，最终结果如表6-3所示。

由表6-3可知，模型1~模型3检验了石墨烯产业技术合作创新网络中心性、结构洞和两者同时存在对技术合作创新的影响。实证结果表明，中心性和结构洞均对技术创新产生了显著的促进作用，且前者的影响效应显著强于后者（回归系数分别为0.140和0.062）。模型4为创新组织中心性对技术创新影响的估计结果，中心性平方项估计系数显著为负（$\beta=-0.116$，$p<0.01$），

表 6-3 合作网络对技术创新影响的回归分析结果

变量	模型 1	模型 2	模型 3	模型 4	模型 5	模型 6	模型 7	模型 8	模型 9
DC	0.105** (2.031)		0.140*** (2.764)	0.234*** (4.393)		0.161** (2.321)	0.176*** (3.427)		0.198*** (3.275)
DC^2				-0.116*** (-7.127)		-0.120*** (-4.373)	-0.138* (-1.909)		-0.096*** (-3.545)
ES		0.084*** (2.769)	0.062** (2.429)		0.072*** (4.393)	0.074*** (2.782)		0.101** (2.173)	0.043*** (2.697)
ES^2					0.019*** (2.801)	0.031* (1.723)		0.076*** (3.056)	0.017** (2.326)
DC*ND							0.095*** (3.853)		0.066* (1.768)
DC^2*ND							0.083** (2.315)		0.059* (1.898)
ES*ND								0.121 (1.302)	0.034 (0.795)
ES^2*ND								0.044** (2.292)	0.028* (1.815)
CE	0.040*** (2.651)	0.029** (2.243)	0.077** (2.371)	0.069** (1.972)	0.049* (1.812)	0.052** (2.151)	0.068 (0.710)	0.043 (1.077)	0.077* (1.738)
KA	0.056*** (3.731)	0.044* (1.713)	0.031** (2.225)	0.032** (2.256)	0.021 (0.443)	0.026** (2.006)	0.014* (1.752)	0.054* (1.726)	0.012* (1.721)
Constant	0.497	0.238	0.186	0.131	0.143	0.257	0.301	0.749	0.753
Log Likelihood	423.597	586.044	524.227	504.434	414.353	527.322	742.462	669.455	745.663

注：( ) 内为 t 检验值；*、**、*** 分别表示显著性水平为 $p < 0.1$、$p < 0.05$、$p < 0.01$。

且中心性一次项估计系数显著为正（$\beta=0.234$，$p < 0.01$），这说明对石墨烯产业创新组织而言，中心性与技术创新之间存在倒 U 形关系。这也印证了虽然随着网络中心性的提升，创新组织有利于从网络中获取异质性创新资源，进而对促进技术创新产生积极影响，但当中心性超过一定的临界值时，可能因信息甄别成本过高或路径依赖等问题，不利于新知识的创造，使异质性创新资源的获取不仅不利于技术创新，反而会降低创新组织的创新水平。模型 7 为创新组织内发明人合作网络密度对中心性与技术创新关系调节作用的估计结果，其中，网络密度与中心性一次项和二次项交互系数均显著为正（分别为 0.095 和 0.083），这说明网络密度在中心性影响技术创新中具有明显的调节作用，即 H1 得到验证。当组织内部发明人合作网络密度较大时，中心性对技术创新的正向影响将会进一步加强；而当中心性过大导致其不利于技术创新时，发明人合作密度增大有利于减缓这种负向影响，使倒 U 形曲线变得平坦。虽然中心性过高不利于科技创新，但是发明人往往有高附加值知识，网络密度增大使发明人之间的合作可能性增加，进而有利于创新组织进行知识整合和新知识创造，进而降低中心性过高带来的负面影响。

模型 5 是技术创新网络结构洞对技术创新影响的估计结果，中心性一次项系数和二次项系数分别为 0.072 和 0.019，且均通过了 1% 水平下的显著性检验。这说明，与中心性不同，结构洞对技术创新的影响呈正向关系，且有效规模越大，其对技术创新的影响越高，存在 U 形关系。有效规模反映的是创新组织在网络中的非冗余联系，而非冗余联系越多，越有利于创新组织获取异质性创新资源开展技术创新。模型 8 为发明人合作网络密度在结构洞影响技术创新过程中所发挥的调节效应，网络密度与结构洞二次项交互系数显著为正，而与一次项交互系数并未通过显著性检验，说明这种调节作用存在 U 形关系。随着有效规模的不断增加，创新组织间的非冗余联系不断扩张，组织内发明人合作密度增大发挥的作用越来越强，即 H2 得到验证。

6.3.3 多维邻近性分析

如前所述，为进一步检验地理邻近性和制度邻近性所发挥的调节作用，下面将上述结果中发明人合作网络密度分别替换为地理邻近性和制度邻近性，重新进行估计，结果如表 6-4 所示。

表 6-4 不同邻近性调节的合作网络对技术创新影响的回归分析结果

变量	地理邻近性			制度邻近性		
	模型 10	模型 11	模型 12	模型 13	模型 14	模型 15
DC	0.135*** (2.856)		0.174*** (3.209)	0.124*** (2.289)		0.116** (2.204)
DC^2	−0.097*** (−2.158)		−0.039*** (−2.946)	−0.079*** (−1.924)		−0.078* (−1.789)
ES		0.107** (7.024)	0.084*** (3.093)		0.078** (2.031)	0.073* (1.814)
ES^2		0.095*** (2.932)	0.031** (2.196)		0.042** (2.158)	0.041* (1.706)
DC*MV	0.017** (2.760)		0.043*** (6.391)	0.079* (1.925)		0.039** (2.133)
DC^2*MV	0.086** (5.976)		0.015* (2.077)	0.031** (1.975)		0.015 (1.164)
ES*MV		0.063* (1.798)	0.036 (0.734)		0.023 (0.105)	0.056 (1.135)
ES^2*MV		0.014** (2.119)	0.025*** (4.882)		0.104 (1.534)	0.014* (1.815)
CE	0.073 (0.895)	0.049 (1.441)	0.018** (2.377)	0.039*** (6.431)	0.032** (2.172)	0.022* (1.807)
KA	0.068** (2.168)	0.059* (1.917)	0.042*** (3.083)	0.031*** (3.128)	0.033* (1.805)	0.017 (1.175)
Constant	0.644	0.543	0.455	0.693	0.749	0.707
Log Likelihood	500.035	537.157	769.077	802.379	819.231	832.376

注：MV 分别表示地理邻近性（GP）和制度邻近性（SP）；（）内为 t 检验值；*、**、*** 分别表示显著性水平为 $p<0.1$、$p<0.05$、$p<0.01$。

模型 10~模型 12 检验了地理邻近性在网络结构影响技术中心的调节作

用,中心性和结构洞指标的一次项与二次项系数符号和显著性并未发生显著变化;而从地理邻近性与中心性及其二次项交互系数可知,地理邻近性有负向调节中心性的作用。即说明地理位置越相近的创新组织中心性过度集中带来的负向效应越小,在地理因素影响下,中心性与技术创新之间的倒 U 形关系将变得平缓,H3 得到验证。从模型 11 看,地理邻近性在结构洞影响技术创新中也发挥了显著的正向作用,其与结构洞一次项、二次项系数均显著为正,即地理邻近性增强,强化了创新组织间的交流合作,有效规模扩大带来的异质性创新资源更容易在网络成员中传递,进而进一步提升对技术创新的促进作用。由模型 15 可知,制度邻近性虽然在网络结构影响技术创新中发挥了一定的调节作用,但是显著性较弱,即 H4 得到验证。具体来看,将制度邻近性作为调节因素进行回归分析之后,中心性对技术创新的影响虽然依旧呈倒 U 形,但是仅制度邻近性与中心性一次项系数通过显著性检验($\beta=0.039$, $p < 0.05$)。这说明制度邻近性并不能使倒 U 形关系变得平缓,其调节作用是单调的。结构洞二次项与制度邻近性交互项系数显著为正,而一次项交互系数并未通过显著性检验,这说明对全球石墨烯产业创新组织而言,制度邻近性的增强有利于提升结构洞对技术创新的正向调节作用,但是估计系数和显著性显著小于组织发明人网络和地理邻近性。

6.3.4 进一步讨论

基于技术生命周期理论,下面将全样本分为萌芽期和成长期,分别进行回归分析,实证结果见表 6-5 和表 6-6。

由表 6-5 可知,当石墨烯产业处于萌芽期时,网络中心性对技术创新的影响显著为正。网络中心度对石墨烯产业网络成员技术创新能力具有显著的提升作用,系数介于 0.146~0.265,而网络中心性平方项系数并未通过显著性检验。这说明,在萌芽期网络中心性与创新主体技术创新能力之间不存在 U 形或者倒 U 形关系。然而,结构洞一次项和二次项系数均未通过显著性检验,此时,有效规模的增加并不会显著提升创新主体的技术创新水平。原因在于,处于萌芽期的石墨烯产业,其网络成员之间的相互联系程度整体较低,创新

表6-5 萌芽期技术合作创新网络位置对技术创新的影响

变量	模型16	模型17	模型18	模型19	模型20	模型21	模型22	模型23
DC	0.146*** (4.267)	0.265** (2.281)		0.172*** (2.997)	0.174*** (3.025)		0.153** (2.536)	0.175*** (3.104)
DC²	0.023 (0.596)	0.041 (0.117)		0.091 (0.994)	0.104 (1.131)		0.040 (0.283)	0.091 (0.988)
ES	0.027 (0.069)		0.266 (0.945)	0.007 (0.818)		0.156 (1.119)	0.051 (1.514)	0.033 (1.023)
ES²	0.040 (0.722)		0.019 (1.234)	0.003 (0.131)		0.022 (1.412)	0.010 (0.675)	0.007 (0.743)
DC*GP					0.092** (1.961)		0.124** (3.124)	0.021** (2.279)
DC*SP					0.031 (1.185)		0.047 (1.067)	0.067 (1.257)
ES*GP						0.033 (0.959)	0.034 (0.805)	0.022 (1.299)
ES*SP						0.130 (1.024)	0.010 (1.498)	0.032 (1.503)
CE		0.014*** (2.715)	0.066*** (4.047)	0.009** (2.534)				0.116** (2.067)
KA		0.153*** (4.308)	0.148*** (3.825)	0.134*** (3.883)				0.097*** (3.106)

续表

变量	模型 16	模型 17	模型 18	模型 19	模型 20	模型 21	模型 22	模型 23
ND		0.065*** (2.676)	0.085* (1.918)	0.076*** (2.989)				0.078** (2.587)
CC		0.417 (1.217)	0.011 (0.473)	0.162 (1.027)				0.021 (1.217)
Constant	1.468	0.647	1.916	0.111	0.126	0.306	0.101	0.112
Log Likelihood	481.811	420.500	380.804	239.447	247.589	408.570	354.381	248.836

注：( ) 内为 t 检验值；***，** 和 * 分别表示 1%、5% 和 10% 的显著性水平。

表6-6 成熟期技术合作创新网络位置对技术创新的影响

变量	模型24	模型25	模型26	模型27	模型28	模型29	模型30	模型31
DC	0.112*** (3.093)	0.094*** (2.966)		0.135** (2.402)	0.141** (2.530)		0.142** (2.443)	0.145** (2.536)
DC²	-0.075*** (-3.071)	-0.111** (-2.173)		-0.133** (-2.414)	-0.103** (-2.302)		-0.089*** (-3.702)	-0.129** (-2.106)
ES	0.049*** (4.208)		0.058** (2.361)	0.072** (2.266)		0.055* (1.897)	0.051*** (3.351)	0.060** (2.481)
ES²	0.051 (1.227)		0.131 (1.413)	0.036 (1.116)		0.051 (0.603)	0.011 (1.146)	0.101 (0.999)
DC*GP					0.056** (2.575)		0.065* (1.852)	0.038** (2.404)
DC*SP					0.041** (2.539)		0.019** (2.569)	0.025* (1.723)
ES*GP						0.029** (2.379)	0.025** (2.183)	0.020** (2.382)
ES*SP						0.017** (2.054)	0.011** (2.103)	0.018** (2.303)
CE		0.083** (2.132)	0.042** (2.243)	0.121* (1.808)				0.107** (3.024)
KA		0.161** (2.318)	0.171*** (3.495)	0.153*** (3.163)				0.145*** (5.534)

第6章 石墨烯技术合作关系对技术创新的网络效应

续表

变量	模型 24	模型 25	模型 26	模型 27	模型 28	模型 29	模型 30	模型 31
ND		0.066** (2.556)	0.052** (2.078)	0.076*** (4.448)				0.068*** (3.132)
CC		0.026* (1.704)	0.008* (1.665)	0.057*** (2.865)				0.034** (2.273)
Constant	0.125	0.067	0.195	1.468	0.760	0.468	0.217	0.732
Log Likelihood	267.423	242.315	262.395	281.811	294.379	225.006	227.608	303.348

注：( ) 内为 t 检验值；***、** 和 * 分别表示 1%、5% 和 10% 的显著性水平。

主体的网络中心性并未达到联系紧密的程度，甚至是存在信息冗余的情况，因此，中心性对技术创新具有显著的促进作用。同时，结构洞中的有效规模估计系数并未通过显著性检验，这是因为在萌芽期，创新主体主要还是依靠自身研发实力提升技术创新水平，与外界的联系相对较少，技术合作创新网络的联系不紧密，结构洞位置优势不明显，导致有效规模的增加可能并不能显著提升技术创新水平。此外，从邻近性调节作用看，在萌芽期，地理邻近性对网络位置的调节作用显著；而制度邻近性并未通过显著性检验。原因可能是，此时技术合作创新主要存在于相邻的地区之间，地理位置越近，越有利于知识传播。从控制变量估计系数看，合作经验、知识积累和网络密度均是影响技术创新的重要方面，三者均通过了不同水平的显著性检验。

由表 6-6 可知，当石墨烯产业处于成长期时，网络中心性一次项系数显著为正，而二次项系数显著为负，说明网络中心性与网络成员技术创新水平之间存在倒 U 形关系，存在一个极大值点，即当网络中心性低于该极值点时，中心性水平提升有利于提升网络成员的技术创新水平；而当中心性超过极值点时，中心性水平提升可能会因信息冗余等对技术创新产生负面影响。从结构洞估计系数看，有效规模增加对技术创新能力提升具有显著的促进作用，有效规模每增加 1% 会使网络成员技术创新水平提升 0.049~0.072；而二次项系数并未通过显著性检验。这说明，对处于成长期的石墨烯产业创新主体而言，有效规模增加与技术创新之间不存在 U 形或倒 U 形关系。当石墨烯产业处于成长期时，网络内创新主体已经具备一定的研发能力和技术创新成果，此时，技术合作创新越来越依靠成员之间的非冗余联系，即具有结构洞优势的创新组织更能发挥位置优势，提升技术创新水平。从邻近性的调节作用看，与全周期和萌芽期回归结果相类似，地理邻近性对技术创新影响的调节作用大于制度邻近性，即石墨烯产业知识溢出受地理距离的影响依然很大。此外，通过对比控制变量估计系数发现，处于成熟期的创新组织，其技术合作创新对知识积累程度的依赖性较强，即其前期研发能力越强，越有利于后期的技术创新。网络集聚系数通过了不同水平的显著性检验，这说明，处于成长期的网络成员间存在不同的集聚情况，且聚类越接近，越有利于技术创新。

整体而言，本研究的实证结果表明，在考虑不同产业生命周期条件下，中心性和结构洞及其与邻近性的交互项对技术创新产生了重要影响，且存在异质性。从解释变量角度而言，度数中心度的解释能力最强；从交互项系数看，地理邻近性和制度邻近性均发挥了正向调节作用，且后者的影响与产业所处的周期有关。

6.3.5 稳健性检验

为了解决模型存在的内生性问题，检验上述结果的稳健性，本研究主要做了以下两方面工作：一是采用系统 GMM 法，将中心性和结构洞滞后项作为工具变量，重新对网络结构与技术创新之间的关系进行估计；二是根据中心性将研究样本进行分类，分别进行回归。稳健性检验结果表明，解释变量和控制变量估计系数和显著性均未发生根本性变化，即中心性和结构洞与技术创新之间的关系实证检验结果是稳健的，且发明人网络密度、地理邻近性和制度邻近性同样发挥了调节作用。

6.4 本章小结

本章利用 2010—2019 年全球石墨烯产业专利及联合申请专利数，分析网络结构对技术创新的影响，并讨论组织内发明人合作网络、地理邻近性和组织邻近性在其中所发挥的调节作用，主要得到以下结论。

第一，网络中心性与技术创新之间具有倒 U 形关系，且组织内发明人网络发挥正向调节作用。当创新组织在合作创新网络的中心性由较低水平向适度水平变化时，将会促进技术创新；而当中心性由适度水平向更高水平变化时，将不利于技术创新水平的提升。网络密度正向调节中心性与技术创新间呈倒 U 形关系，组织发明人网络密度有利于增强网络中心性带来的正向影响，也减缓了中心性过度带来的负向效应。

第二，结构洞与技术创新之间呈正向关系。随着有效规模的增加和限制度的降低，加速了非冗余信息和知识在网络中的流动，异质性企业的有效转移促进了技术创新。网络密度正向调节结构洞与技术创新间呈正 U 形关系。

第三，地理邻近性和制度邻近性均是影响中心性和结构洞与技术创新关系的重要调节变量，且前者的显著性更强。地理邻近性增强有利于创新组织间开展技术交流与合作，加速隐性知识传播，进而有利于技术创新水平提升；而制度邻近性的重要性相对较低，但也发挥了一定的正向调节作用。

第四，在产业不同的生命周期阶段，网络位置对技术创新的影响存在差异性。当产业处于萌芽期，网络中心性与技术创新之间并不存在显著的 U 形或倒 U 形关系，且有效规模对技术创新的影响并未通过显著性检验。当处于成长期时，网络中心性与技术创新之间呈倒 U 形关系，即存在网络中心性极大值点；而此时结构洞中有效规模增加显著提升了技术创新水平，但二次项系数并未通过显著性水平检验。

第 7 章
研究结论与展望

7.1 研究结论

本研究基于社会网络理论研究对石墨烯产业技术合作创新网络发展进行研究。第一，在相关理论和文献综述的基础上，从经济数据、专利数据和科研论文对全球石墨烯产业技术创新态势进行分析，并讨论了石墨烯子领域发展特征。第二，阐述了石墨烯技术合作创新机理，从研发合作机制、知识交流机制和绩效影响机制展开讨论，其中，研发合作机制包含动力分析、信任关系和利益分配三方面内容；在知识交流机制中，则从知识获取与识别、知识吸收、知识整合和知识创造几方面分析了合作网络影响下的技术创新；在绩效影响机制中，从降低交易成本、获取创新资源和增强知识正外部性三方面分析了技术合作创新网络影响组织创新。第三，从整体、群体和个体三个视角对石墨烯技术合作创新网络的演变特征进行分析，讨论了不同创新主体在网络中的位置和承担的功能；基于技术相似度分析了国内外石墨烯创新主体的潜在合作机会。第四，对合作创新网络特征影响创新组织技术创新进行实证分析，考虑生命周期视角下的网络特征异质性和邻近性的调节作用，并对相关结果进行稳健性检验。

本研究的主要研究结论如下。

第一，全球石墨烯产业技术合作创新空间分布不均。

从石墨烯产业技术创新发展趋势上看，不同创新组织间的联系更加频繁，以北京大学、中国科学院、中国石油化工集团、杭州高烯科技有限公司等为代表的我国创新组织在网络中的位置越来越重要。从我国石墨烯产业技术合作创新分布情况看，北京、上海、广州、深圳、杭州等东部城市的创新组织间合作较为密切，中西部城市石墨烯产业技术合作创新较弱，产业创新关联空间分布不均。

第二，技术合作创新由研发合作机制、知识交流机制和绩效影响机制构成。

石墨烯产业技术合作创新影响机理主要由三大机制相互作用而成：研发合作机制、知识交流机制和绩效影响机制。从研发合作机制看，主要包括动力分析、信任关系和利益分配三方面内容，信任是基础，利益分配则是技术合作创新持续性的保障。从知识交流机制看，基于知识创新过程，主要包括知识获取与识别、知识吸收、知识整合和知识创造，合作创新通过知识获取最终促进知识创造。从绩效影响机制看，主要从降低交易成本、获取资源和增强知识正外部性三方面讨论了合作创新网络对石墨烯技术创新的影响。

第三，全球石墨烯产业技术合作创新网络规模不断扩大。

网络密度由 2010 年的 0.150 增长到 2019 年的 0.180，促进了创新资源在网络中的传播与扩散；同时，网络具有较高的集聚系数和较低的平均路径长度，具备"小世界"特性。然而，关联程度相对增长缓慢，导致整体密度较低。随着石墨烯产业的发展，以中国科学院为代表的我国石墨烯产业创新组织拥有较高的有效规模和较低的限制度，在全球石墨烯产业技术合作创新中的优势明显。

第四，合作网络对技术创新具有重要的影响。

对石墨烯产业技术创新而言，网络中心性与技术创新间有倒 U 形关系，且组织内发明人网络发挥正向调节作用。当创新组织在合作创新网络的中心性由较低水平向适度水平变化时，将会促进技术创新；而当中心性由适度向更高水平变化时，将不利于技术创新水平提升。一是网络密度正向调节中心性与技术创新间呈 U 形关系，组织发明人网络密度有利于增强网络中心性带来的正向影响，也减缓了中心性过度带来的负向效应。二是结构洞与技术创新之间呈正向关系。随着有效规模的增加和限制度的降低，加速了非冗余信息和知识在网络中的流动，异质性企业的有效转移促进了技术创新。网络密度正向调节结构洞与技术创新间呈正 U 形关系。

第五，地理距离仍是影响全球石墨烯产业技术合作创新的重要因素。

不管是现状描述还是实证结果分析，地理距离仍然是影响技术合作创新的重要因素，进而对技术创新产生影响。然而，随着产业网络化发展，这种影响程度正在逐渐弱化。全球石墨烯产业技术合作创新由开始的联系多局限于子群内部，逐渐发展到子群之间，特别是我国与欧美发达国家创新组织间的子群密度进一步降低，跨子群、跨区域联系的不断增强，有助于创新资源由核心区向边缘地区溢出。在网络中扮演中间人角色的创新组织加快了全球石墨烯产业技术合作创新网络的形成与发展，但仍有很多高校、企业和科研院所在网络中并未承担中间人角色，这不利于石墨烯产业的发展。

第六，在产业不同的生命周期阶段，网络位置对技术创新的影响存在差异性。

不同生命周期的产业发展面临的环境、未来趋势、创新需求等存在诸多差异，导致基于技术合作创新的网络位置属性对技术创新的影响也会存在差异。本研究主要分析萌芽期和成长期两个阶段。研究结果表明，当产业处于萌芽期，网络中心性与技术创新之间并不存在显著的 U 形或倒 U 形关系，且有效规模对技术创新的影响并未通过显著性检验。当处于成长期时，网络中心性与技术创新之间呈倒 U 形关系，即存在网络中心性极大值点；而此时结构洞中有效规模的增加显著提升了技术创新水平，但二次项系数并未通过显著性水平检验。

7.2 对策建议

本研究基于社会网络理论讨论了合作网络对石墨烯产业技术创新的影响，对分析石墨烯产业空间格局演变，梳理石墨烯技术合作创新影响机理，进而推进以石墨烯为代表的先进领域产业创新具有一定的指导意义。

第一，充分挖掘和发挥处于网络核心位置创新组织的引领作用。根据已有研究，中国科学院、北京大学、三星电子公司等创新组织在网络中处于核心位置，更善于从全球石墨烯产业技术合作创新网络中获取创新资源，进而提升技术创新水平。然而，这些居于核心位置的创新组织并未对网络位置不佳的组织创新产生正向溢出。因此，一方面，在子群内部要强化各创新组织与核心创新组织的联系程度，提高核心创新组织的正向知识溢出，进而提升子群内部的整体技术创新水平；另一方面，要发挥核心位置创新组织的中间人角色，加强子群内外部联系，吸引更多外部子群创新资源向所在子群集聚，提高跨子群的技术合作创新力度，进而加快石墨烯产业技术创新进程。

第二，加快提高网络中间位置创新组织的创新能力和中间人作用。全球石墨烯产业技术合作创新网络结构变化并非瞬时达到，而是网络中的组织合作关系网络不断演化的结果。因此，处于网络核心和边缘位置的创新组织就变得异常重要。一方面，这些创新组织自身创新能力的提升可以带来更大范围的合作，进而推动和完善石墨烯产业发展；另一方面，由于位置特殊，这些创新组织也能通过发挥中间人作用来促进位置处于核心区和边缘区的创新组织间的合作，加快核心区创新组织知识溢出，完善整个技术合作创新网络。创新主体应该基于前期的合作经验、未来发展重点等诸多方面，在已有的合作成员中选择有潜力的伙伴，基于技术相似性加深合作程度，充分挖掘未来合作潜力，以合作深度提升进一步增强合作经验对联合申请专利的重要性。

第三，在促进内部知识共享的同时，创新组织要基于生命周期积极拓展外部合作。正如前文所述，虽然合作经验和知识积累对石墨烯产业技术合作创新的影响较大，但不同的生命周期存在异质性。因此，创新组织应该基于自身和产业发展阶段，积极同外部的创新资源开展合作。此外，通过对数据分析发现，一些较大的企业联合申请专利主要是总部与分支机构或者分支机构联合申请，跨合作单位的专利申请较少。这在一定程度上也印证了网络密度的提升并未增强其对技术合作创新的重要性。随着基础设施的改善，地理距离对不同创新组织的沟通阻碍程度显著降低，创新组织应充分利用基础设施完善的优势，加快实现跨区域合作创新，而不仅是创新组织内部的合作，提升技术合作创新广度。

第四，在加大政策支持的同时，重点发展处于网络中桥梁位置的创新组织。通过实证结果分析发现，虽然结构洞及其邻近性回归系数通过了一定水平的显著性检验，但不管是影响程度还是显著性均整体低于中心性，即在石墨烯产业技术合作创新网络中，创新组织运用结构洞位置优势提升合作的能力还存在不足。实际上，处于结构洞位置的创新组织在整个网络中犹如桥梁一般，连接不同背景或创新资源的主体，构建了整个创新网络。因此，应对石墨烯产业进行精准的支持，应基于石墨烯产业生命周期，选择有代表性的结构洞位置的创新组织，进而带动更多的创新组织融入技术合作创新网络之中，增强网络成员内部之间的联系。网络联系程度和密度增强，更有利于创新组织发挥结构洞位置优势，获取异质性创新资源，进而提升石墨烯产业技术创新能力。

7.3 未来展望

虽然本研究在分析石墨烯合成网络属性对技术创新的影响过程中得出了若干有益结论，但仍存在不足，未来有待进一步分析和探讨，主要包括以下两点。

第一，对石墨烯产业技术创新的分类应进一步细化。虽然本研究在分析石墨烯产业发展态势时分析了不同子领域的专利申请情况，但并未就其作进一步分析。实际上，对石墨烯产业而言，不同子领域的合作网络对技术创新可能存在差异性。未来，可进一步将石墨烯产业研究细化，分析不同子领域合作网络结构特征对技术创新的影响，并就相关调节作用进行讨论，从而拓展和丰富石墨烯产业的相关研究。

第二，扩大研究对象的范围和研究周期。由本研究分析可知，石墨烯产业技术创新目前正处于成长期，石墨烯技术合作创新网络成员的流动性较强，网络规模越来越大，网络密度越来越高。未来，可进一步分析和讨论不同性质的样本之间开展合作对技术创新的影响，对比分析其差异性，深化石墨烯产业技术创新的相关研究。

参考文献

[1] BURT R S. Structural Holes: The Social Structure of Competition[M]. Boston: Harvard University Press, 1995.

[2] GRANOVETTER M. The Strength of Weak Ties[J]. American Journal of Sociology, 1973 (78): 1360–1380.

[3] 李梦楠, 贾振全. 社会网络理论的发展及研究进展评述[J]. 中国管理信息化, 2014, 17 (3): 133–135.

[4] SCHUMPETER J A. The Theory of Economics Development [M]. Transaction Publishers, 1982.

[5] SOLO C S. Innovation in the Capitalist Process: A Critique of the Schumpeterian Theory[J]. Quarterly Journal of Economics, 1951,65(3): 417–428.

[6] ENOS J L. Invention and Innovation in the Petroleum Refining Industry[M]. New Jersey: Princeton University Press, 1962: 299–322.

[7] FREEMAN C, SOETE L. The Economics of Industrial Innovation[M]. Massachusetts: The MIT Press, 1997.

[8] STONEMAN P. Handbook of the Economics of Innovation and Technological Change[M]. Blackwell, 1995.

[9] MUESER R. Identifying Technical Innovations[J]. IEEE Transactions on Engineering Management, 1985, EM–32(4): 158–176.

[10] 经济合作与发展组织, 欧盟统计署. 奥斯陆手册：创新数据的采集和解释指南 [M]. 3 版. 北京：科学技术文献出版社, 2011.

[11] 傅家骥. 技术创新学 [M]. 北京：清华大学出版社，1998.

[12] 吴贵生，王毅. 技术创新管理 [M]. 2版. 北京：清华大学出版社，2009.

[13] 许庆瑞. 技术创新管理 [M]. 杭州：浙江大学出版社，1990.

[14] 邓寿鹏. 技术创新与高技术发展 [J]. 软科学研究，1989 (4)：1-5.

[15] 汤世国. 用信息促进技术创新 [J]. 科研管理，1990 (3): 26-29.

[16] 许庆瑞，吴晓波. 技术创新、劳动生产率与产业结构 [J]. 中国工业经济研究，1991 (12): 9-15.

[17] 柳卸林. 技术创新经济学的发展 [J]. 数量经济技术经济研究，1993 (4): 67-76.

[18] 柳卸林. 市场和技术创新的自组织过程 [J]. 经济研究，1993 (2): 34-37.

[19] 陈劲. 从技术引进到自主创新的学习模式 [J]. 科研管理，1994 (2): 31-34.

[20] SVEIBY K E. The New Organizational Wealth: Managing and Measuring Knowledge-Based Assets[M]. San Francisco: Berrett-Koehler Publishers, 1997.

[21] 德鲁克. 大变革时代的管理 [M]. 赵干诚，译. 上海：上海译文出版社，1999.

[22] GRANT R M. The Resource-Based Theory of Competitive Advantage: Implications for Strategy Formulation[J]. California Management Review, 1991: 114-135.

[23] NIELSEN A P. Understanding Dynamic Capabilities through Knowledge Management [J]. Journal of Knowledge Management, 2006, 10 (4): 59-71.

[24] 李岳，林春杰，包蕾. 知识经济与知识管理 [J]. 外国经济与管理，1998 (4): 3-7.

[25] 周天慧，蔡耿谦. 知识管理理论与策略研究 [J]. 中国软科学，2000 (9): 88-92.

[26] 黄训江. 集群新进企业知识管理策略研究 [J]. 管理科学，2011，24 (6): 9-17.

[27] 朱秀梅，张妍，陈雪莹. 组织学习与新企业竞争优势关系：以知识管理为路径的实证研究 [J]. 科学学研究，2011，29 (5): 745-755.

[28] 盛小平，刘泳洁. 知识管理对组织的影响及其评估研究 [J]. 情报理论

与实践, 2008, 31(6): 811-813.

[29] 周冬冬, 韩东林, 杜永飞. 基于知识管理的中国高技术服务业研发机构技术创新能力评价 [J]. 中国科技论坛, 2013 (11): 5-10.

[30] 刘金涛. 知识管理、人才管理和技术创新的耦合模型分析 [J]. 软科学, 2017, 31 (9): 97-100.

[31] 王欣, 徐明. 企业创新组织软环境、知识管理、创新绩效：动态环境下有调节的中介作用模型 [J]. 华东经济管理, 2018, 32 (2): 35-42.

[32] 王雪原, 马维睿. 知识管理对制造企业绩效的影响研究 [J]. 科学学研究, 2018, 36 (12): 2223-2232.

[33] 毛义华, 康晓婷, 方燕翎. 创新氛围与知识管理对创新绩效的影响研究 [J]. 科学学研究, 2021, 39 (3): 519-529.

[34] 罗炜. 企业合作创新理论研究 [M]. 上海：复旦大学出版社, 2002.

[35] HAGEDOORN J, LINK A, VONORTAS N. Research Partnerships [J]. Research Policy, 2000, 29 (4): 567-586.

[36] FUSFELD H I, HAKLISCH C S. Cooperative R&D for Competitors [J]. Harvard Business Review, 1985, 63 (6): 60-76.

[37] STAROPOLI C. Cooperation in R&D in the Pharmaceutical Industry: The Network as an Organizational Innovation Governing Technological Innovation [J]. Technovation, 1998, 18(1): 13-23.

[38] BICEN P, HUNT S, MADHAVARAM S. Coopetitive Innovation Alliance Performance: Alliance Competence, Alliance's Market Orientation, and Relational Governance[J]. Journal of Business Research, 2021(123): 23-31.

[39] CAMPOPIANO G, BASSANI G. Social Innovation: Learning From Social Cooperatives in the Italian Context[J]. Journal of Cleaner Production, 2020, 291(3).

[40] 罗德明, 张钢. 产学研合作创新中的激励问题 [J]. 科学管理研究, 1996(2): 59-66.

[41] 李廉水. 我国产学研合作创新的途径 [J]. 科学学研究, 1997(3): 41-44.

[42] 许箫迪, 王子龙, 徐浩然. 基于合作创新的企业集群竞争优势研究

[J]. 软科学, 2005(6): 87-89.

[43] 肖丁丁, 朱桂龙. 产学研合作创新效率及其影响因素的实证研究 [J]. 科研管理, 2013, 34(1): 11-18.

[44] 张秀峰, 陈光华, 海本禄. 融资约束、政府补贴与产学研合作创新绩效 [J]. 科学学研究, 2019, 37(8): 1529-1536.

[45] 杨雪, 顾新, 王元地. 文化邻近对产学合作创新倾向影响的实证研究 [J]. 中国科技论坛, 2014(10): 66-71.

[46] 曾德明, 任浩, 戴海闻, 等. 组织邻近和组织背景对组织合作创新地理距离的影响 [J]. 管理科学, 2014, 27(4): 12-22.

[47] 胡杨, 李郇. 多维邻近性对产学研合作创新的影响: 广州市高新技术企业的案例分析 [J]. 地理研究, 2017, 36(4): 695-706.

[48] 杨博旭, 王玉荣, 李兴光. 多维邻近与合作创新 [J]. 科学学研究, 2019, 37(1): 154-164.

[49] 余雅风, 郑晓齐. 合作创新中企业知识学习行为的制度化研究 [J]. 科研管理, 2002(5): 88-92.

[50] 汪忠, 黄瑞华. 合作创新企业间技术知识转移中知识破损问题研究 [J]. 科研管理, 2006(2): 95-101.

[51] 李永锋, 司春林. 合作创新战略联盟中企业间相互信任问题的实证研究 [J]. 研究与发展管理, 2007(6): 52-60.

[52] 邹艳, 王晓新, 叶金福. 共建模式下企业合作创新知识转移影响因素的实证研究 [J]. 科学学研究, 2009, 27(4): 616-621.

[53] 杨燕, 高山行. 企业合作创新中知识粘性与知识转移实证研究 [J]. 科学学研究, 2010, 28(10): 1530-1539.

[54] 陈伟, 张永超, 田世海. 区域装备制造业产学研合作创新网络的实证研究: 基于网络结构和网络聚类的视角 [J]. 中国软科学, 2012(2): 96-107.

[55] 高霞. 基于专利的我国 ICT 产业产学研合作创新实证研究 [J]. 中国管理科学, 2013, 21(S2): 715-719.

[56] 陈钰芬, 姚天娇, 胡思慧. 浙江省 ICT 产业产学研合作创新网络动态

演化分析 [J]. 技术经济，2019，38(10): 65–73.

[57] 王秋玉，曾刚，吕国庆. 中国装备制造业产学研合作创新网络初探 [J]. 地理学报，2016，71(2): 251–264.

[58] 李颖，马双，富宁宁，等. 中国沿海地区海洋产业合作创新网络特征及其邻近性 [J]. 经济地理，2021，41(2): 129–138.

[59] CHESBROUGH H W. Open Innovation: The New Imperative for Creating and Profiting From Technology[M]. Boston: Harvard Business School Press, 2003.

[60] LICHTENTHALER U. Open Innovation: Past Research, Current Debates, and Future Directions[J]. Academy of Management Perspectives, 2011(25): 75–93.

[61] BEAMISH P W, LUPTON N C. Managing Joint Ventures: Academy of Management Perspectives[J]. Business Source Complete, 2009, 23(2).

[62] 耿瑞利，申静. 基于开放式创新的智库知识管理模型构建及应用 [J]. 图书情报工作，2017，61(2): 121–128.

[63] 刘志迎，沈磊，韦周雪. 企业开放式创新动力源的实证研究 [J]. 科学学研究，2018, 36(4): 732–743.

[64] KEUPP M M, GASSMANN O. Determinants and Archetype Users of Open Innovation[J]. R&D management, 2009, 39(4): 331–341.

[65] DAHLANDER L, GANN D M. How Open is Innovation? [J]. Research Policy, 2010, 39(6): 699–709.

[66] 陈劲，陈红花，尹西明，等. 中国创新范式演进与发展：新中国成立以来创新理论研究回顾与思考 [J]. 陕西师范大学学报（哲学社会科学版），2020，49(1): 14–28.

[67] LAURSEN K, SALTER A. Open for Innovation: The Role of Openness in Explaining Innovation Performance among U.K. Manufacturing Firms[J]. Strategic Management Journal, 2006, 27(2): 131–150.

[68] LEIPONEN A, HELFAT C E. Location, Decentralization, and Knowledge Sources for Innovation[J]. Organization Science, 2011, 22(3): 641–658.

[69] 陈钰芬，陈劲. 开放度对企业技术创新绩效的影响 [J]. 科学学研究，

2008，26(2): 419-426.

[70] 韦铁，鲁若愚. 多主体参与的开放式创新模式研究 [J]. 管理工程学报，2011，25(3): 133-138.

[71] GUAN J C, ZUO K R, CHEN K H, et al. Does Country-Level R&D Efficiency Benefit From the Collaboration Network Structure?[J]. Research Policy, 2016, 45(4): 770-784.

[72] 冯长利，程悦. 开放式创新与企业绩效的 Meta 分析 [J]. 科研管理，2020，41(1): 108-118.

[73] WANG S, NOE R A. Knowledge Sharing: A Review and Directions for Future Research[J]. Human Resource Management Review, 2010, 20(2): 115-131.

[74] 岳鹄，张宗益，朱怀念. 创新主体差异性、双元组织学习与开放式创新绩效 [J]. 管理学报，2018，15(1): 48-56.

[75] MOHAMED A F R, ARISHA A. Knowledge Management and Measurement: A Critical Review[J]. Journal of Knowledge Management, 2013, 17(6): 873-901.

[76] AL-KURDI O, EL-HADDADEH R, ELDABI T. Knowledge Sharing in Higher Education Institutions: A Systematic Review[J]. Journal of Enterprise Information Management, 2018, 31(2): 226-246.

[77] NIELSEN C , CAPPELEN K. Exploring the Mechanisms of Knowledge Transfer in University-Industry Collaborations: A Study of Companies, Students and Researchers [J]. Higher Education Quarterly, 2014, 68(4): 375-393.

[78] CUMMINGS J N. Work Groups, Structural Diversity, and Knowledge Sharing in a Global Organization[J]. Management Science, 2004, 50(3): 352-364.

[79] SENGE P. Sharing Knowledge: The Leader's Role is Key to a Learning Culture[J]. Executive Excellence, 1997, 14(11): 17-18.

[80] NONAKA I, TAKEUCHI H. The Knowledge-Creating Company: How Japanese Companies Create the Dynamics of Innovation[M]. Oxford University Press, 1995.

[81] LEE J N. The Impact of Knowledge Sharing, Organizational Capability and Partnership Quality on IS Outsourcing Success[J]. Information & Management, 2001,

38(5): 323-335.

[82] 陈涛，王铁男，朱智洺. 知识距离、环境不确定性和组织间知识共享：一个存在调节效应的实证研究 [J]. 科学学研究，2013，31(10): 1532-1540.

[83] VRIES R E D, HOOFF B V D, RIDDER J A D. Explaining Knowledge Sharing: The Role of Team Communication Styles, Job Satisfaction, and Performance Beliefs[J]. Communication Research. 2006, 33(2): 115-135.

[84] 简兆权，刘荣，招丽珠. 网络关系、信任与知识共享对技术创新绩效的影响研究 [J]. 研究与发展管理，2010，22(2): 64-71.

[85] REINHOLT M, PEDERSEN T, FOSS N J. Why a Central Network Position isn't Enough: The Role of Motivation and Ability for Knowledge Sharing in Employee Networks[J]. Academy of Management Journal, 2011, 54(6): 1277-1297.

[86] RITALA P, OLANDER H, MICHAILOVA S, et al. Knowledge Sharing, Knowledge Leaking and Relative Innovation Performance: An Empirical Study[J]. Technovation, 2015, 3(5): 22-31.

[87] WANG S. Emphasis on Search and Analysis of Scientific Literature to Enhance Innovation of Research Topics[J]. Technology & Innovation Management, 2014.

[88] ZELLNER C，FORNAHL D. Scientific Knowledge and Implications for its Diffusion [J]. Journal of Knowledge Management, 2002, 6(2): 190-198.

[89] ZAHRA S A, NEUBAUM D O, BÁRBARA L. Knowledge Sharing and Technological Capabilities: The Moderating Role of Family Involvement[J]. Journal of Business Research, 2007, 60(10):1070-1079.

[90] TAMINIAU Y, SMIT W, LANGE A D. Innovation in Management Consulting Firms through Informal Knowledge Sharing[J]. Journal of Knowledge Management, 2009, 13(1): 42-55.

[91] 周永红，吴银燕，宫春梅. 基于企业联盟的知识共享模式分析 [J]. 情报理论与实践，2014，37(12): 57-60，46.

[92] ZÁRRAGA C, BONACHE J. Assessing the Team Environment for Knowledge Sharing: An Empirical Analysis[J]. International Journal of Human Resource

Management, 2003, 14(7): 1227-1245.

[93] BRADSHAW A, PULAKANAM V, CRAGG P. Knowledge Sharing in IT Consultant and SME Interactions [J]. Australasian Journal of Information Systems, 2015, 19: 197-217.

[94] NONAKA I. A Dynamic Theory of Organizational Knowledge Creation[J]. Organization Science, 1994, 5(1): 14-37.

[95] JAIN K K, SANDHU M S, GOH S K. Organizational Climate, Trust and Knowledge Sharing: Insights From Malaysia[J]. Journal of Asia Business Studies, 2015, 9(1): 54-77.

[96] LIN H F, LEE G G. Perceptions of Senior Managers Toward Knowledge-Sharing Behaviour[J]. Management Decision, 2004, 42(1): 108-125.

[97] LIN H F. Effects of Extrinsic and Intrinsic Motivation on Employee Knowledge Sharing Intentions [J]. Journal of Information Science, 2007, 33(2): 135-149.

[98] IBRAHIM S, HENG L H. Sustaining Knowledge in SMEs: Integrating Workplace Learning in Enhancing Knowledge Sharing Behavior [J]. International Journal of Scientific & Engineering Research, 2015, 6(2): 491-498.

[99] LI D Y, LIU J. Dynamic Capabilities, Environmental Dynamism, and Competitive Advantage: Evidence From China[J]. Journal of Business Research, 2014, 67(1): 2793-2799.

[100] AKMAN G, YILMAZ C. Innovative Capability, Innovation Strategy and Market Orientation: An Empirical Analysis in Turkish Software Industry[J]. International Journal of Innovation Management, 2008, 12(1): 69-111.

[101] JONES M C, CLINE M, RYAN S. Exploring Knowledge Sharing in ERP Implementation: An Organizational Culture Framework[J]. Decision Support Systems, 2006, 41(2): 411-434.

[102] ABILI K, THANI F N, MOKHTARIAN F, et al. The Role of Effective Factors on Organizational Knowledge Sharing[J]. Procedia - Social and Behavioral Sciences, 2011, 29(4): 1701-1706.

[103] TSAI W. Social Structure of "Coopetition" Within a Multiunit Organization: Coordination, Competition, and Intraorganizational Knowledge Sharing[J]. Organization Science, 2002, 13(2): 179-190.

[104] ISLAM M Z, JASIMUDDIN S M, HASAN I. Organizational Culture, Structure, Technology Infrastructure and Knowledge Sharing: Empirical Evidence from MNCs based in Malaysia [J]. Vine, 2015, 45(1): 67-88.

[105] CHUMG H F, COOKE L, HUNG I H, et al. Factors Affecting Knowledge Sharing in the Virtual Organisation: Employees' Sense of Well-Being as a Mediating Effect [J]. Computers in Human Behavior, 2015, 44: 70-80.

[106] FONG C Y, OOI K B, TAN B I, et al. HRM Practices and Knowledge Sharing: An Empirical Study[J]. International Journal of Manpower, 2011, 32(5/6): 704-723.

[107] DAVISON R M, OU C X J, MARTINSONS M G. Information Technology to Support Informal Knowledge Sharing[J]. Information Systems Journal, 2013, 23(1): 89-109.

[108] KWOK S H, GAO S. Attitude Towards Knowledge Sharing Behavior[J]. Journal of Computer Information Systems, 2005, 46(2): 45-51.

[109] HAU Y S, KIM B, LEE H, et al. The Effects of Individual Motivations and Social Capital on Employees' Tacit and Explicit Knowledge Sharing Intentions[J]. International Journal of Information Management, 2013, 33(2): 356-366.

[110] IYAMAH F A, OHIORENOYA J O. Knowledge Sharing and Performance in the Nigerian Oil and Gas Industry [J]. Information and Knowledge Management, 2015, 5(3): 82-90.

[111] YANG J T. Antecedents and Consequences of Knowledge Sharing in International Tourist Hotels[J]. International Journal of Hospitality Management, 2010, 29(1): 42-52.

[112] AULAWI H, SUDIRMAN I, SURYADI K, et al. Knowledge Sharing Behavior, Antecedent and Their Impact on the Individual Innovation Capability[J]. Journal of Applied Sciences Research, 2009, 5(12): 2238-2246.

[113] DONG Y T, BARTOL K M, ZHANG Z X, et al. Enhancing Employee Creativity Via Individual Skill Development and Team Knowledge Sharing: Influences of Dual-Focused Transformational Leadership[J]. Journal of Organizational Behavior, 2016, 38(3): 439-458.

[114] 王娟茹, 罗岭. 知识共享行为、创新和复杂产品研发绩效[J]. 科研管理, 2015, 36(6): 37-45.

[115] MAJCHRZAK A, COOPER L P, NEECE O E. Knowledge Reuse for Innovation [J]. Management Science, 2004, 50(2), 174-188.

[116] KRIŽMAN A. Involvement, Knowledge Sharing and Proactive improvement as Antecedents of Logistics Outsourcing Performance [J]. Economic and Business Review, 2009, 11(3): 233-256.

[117] SÁENZ J, ARAMBURU N, BLANCO C E. Knowledge Sharing and Innovation in Spanish and Colombian High-Tech Firms [J]. Journal of Knowledge Management, 2012, 16(6): 919-933.

[118] 孙世强, 陶秋燕. 小微企业关系强度、知识共享与其创新绩效关系研究: 吸收能力的调节效应[J]. 科学决策, 2019(5): 14-33.

[119] 喻登科, 周子新. 普适性信任、知识共享宽度与企业开放式创新绩效[J]. 科技进步与对策, 2020, 37(1): 112-121.

[120] OSBORN R N, MARION R. Contextual Leadership, Transformational Leadership and the Performance of International Innovation Seeking Alliances[J]. The Leadership Quarterly, 2009, 20(2): 191-206.

[121] 张永凯, 李登科. 全球化视角下中国本土企业创新网络演化分析: 以华为技术有限公司为例[J]. 世界地理研究, 2017, 26(6): 92-100.

[122] JONES O, CRAVEN M. Beyond the Routine: Innovation Management and the Teaching Company Scheme[J]. Technovation, 2001, 21(5):267-279.

[123] KOSCHATZKY K. Firm Innovation and Region: The Role of Space in Innovation Processes[J]. International Journal of Innovation Management 1998, 2(4): 383-408.

[124] 李金华，孙东川.创新网络的演化模型[J].科学学研究，2006(1): 135-140.

[125] TETHER B S, TAJAR A. The Organisational-Cooperation Mode of Innovation and its Prominence Amongst European Service Firms[J]. Research Policy, 2008, 37(4): 720-739.

[126] HIDALGO A, D'ALVANO L. Service Innovation: Inward and Outward Related Activities and Cooperation Mode[J]. Journal of Business Research, 2014, 67(5): 698-703.

[127] 袁信，王国顺.高科技企业融入跨国创新网络的模式研究[J].中国科技论坛，2007(7): 46-50.

[128] 黄劲松.产学研合作的混合治理模式研究[J].科学学研究，2015, 33(1): 69-75.

[129] 常红锦，吉迎东，胡琳娜.技术创新网络惯例与关系机制的关系研究[J].科研管理，2019, 40(5): 155-163.

[130] 孙玉涛，张一帆.产学研合作网络演化的异质性机制：以北京为例[J].科研管理，2020, 41(9): 113-122.

[131] SCHEPIS D, PURCHASE S, BUTLER B. Facilitating Open Innovation Processes through Network Orchestration Mechanisms[J]. Industrial Marketing Management, 2021(93): 270-280.

[132] 曹兴，马慧.新兴技术创新网络下多核心企业创新行为机制的仿真研究[J].中国软科学，2019(6):138-149.

[133] 谭劲松，张红娟，林润辉.产业创新网络动态演进机制模拟与实例分析[J].管理科学学报，2019, 22(12): 1-14.

[134] TSAY M Y, LIU Z W. Analysis of the Patent Cooperation Network in Global Artificial Intelligence Technologies based on the Assignees[J]. World Patent Information, 2020(63).

[135] 高霞，陈凯华.合作创新网络结构演化特征的复杂网络分析[J].科研管理，2015, 36(6): 28-36.

[136] 刘云，蒋海军，樊威，等. 纳米科技国际合作创新网络结构与演化特征研究 [J]. 科研管理，2015, 36(2): 41–49.

[137] 杨春白雪，曹兴，高远. 新兴技术合作创新网络演化及特征分析 [J]. 科研管理，2020, 41(7): 20–32.

[138] KOFLER I, MARCHER A, VOLGGER M, et al. The Special Characteristics of Tourism Innovation Networks: The Case of the Regional Innovation System in South Tyrol[J]. Journal of Hospitality and Tourism Management, 2018(37): 68–75.

[139] 陈暮紫，秦玉莹，李楠. 跨区域知识流动和创新合作网络动态演化分析 [J]. 科学学研究，2019, 37(12): 2252–2264.

[140] 阮平南，王文丽，刘晓燕. 技术创新网络多维邻近性演化研究：基于 IBM 专利合作网络数据 [J]. 科技进步与对策，2018, 35(8): 1–7.

[141] 刘凤朝，马荣康. 组织创新网络中的中间人角色及其影响因素：以中国制药技术领域为例 [J]. 科学学研究，2011, 29(8): 1240–1250.

[142] FITJAR R D, RODRÍGUEZ-POSE A. Networking, Context and Firm–Level Innovation: Cooperation through the Regional Filter in Norway[J]. IO: Productivity，2015.

[143] SAVIN I, EGBETOKUN A. Emergence of Innovation Networks From R&D Cooperation with Endogenous Absorptive Capacity[J]. Journal of Economic Dynamics and Control, 2016 (64): 82–103.

[144] GIOVANNETTI E, PIGA C A. The Contrasting Effects of Active and Passive Cooperation on Innovation and Productivity: Evidence From British Local Innovation Networks[J]. International Journal of Production Economics, 2017, 187: 102–112.

[145] 卢艳秋，张公一. 跨国技术联盟创新网络与合作创新绩效的关系研究 [J]. 管理学报，2010, 7(7): 1021–1026.

[146] 曾德明，张丹丹，文金艳. 基于专利合作的网络技术多样性对探索式创新的影响研究：网络结构的调节作用 [J]. 情报杂志，2015, 34(2): 104–110.

[147] 张涵，康飞，赵黎明. 联盟网络联系、公平感知与联盟绩效的关系：基于中国科技创业联盟的实证研究 [J]. 管理评论，2015, 27(3):153–162.

[148] 李纲, 陈静静, 杨雪. 网络能力、知识获取与企业服务创新绩效的关系研究: 网络规模的调节作用 [J]. 管理评论, 2017, 29(2): 59–68, 86.

[149] 李海林, 徐建宾, 林春培, 等. 合作网络结构特征对创新绩效影响研究 [J]. 科学学研究, 2020, 38(8): 1498–1508.

[150] 王崇锋, 孙靖. 知识基础调节下合作网络对绿色技术创新的影响 [J]. 科技进步与对策, 2021, 38(2): 38–46.

[151] 裴云龙, 郭菊娥, 向希尧. 企业研发人员合作网络、科学研究与技术创新 [J]. 科学学研究, 2016, 34(7): 1054–1064.

[152] 李明星, 苏佳璐, 胡成. 产学研合作中企业网络位置与关系强度对技术创新绩效的影响 [J]. 科技进步与对策, 2020, 37(14): 118–124.

[153] 李贺, 袁翠敏, 解梦凡. 专利文献中的睡美人现象分析与研究 [J]. 图书情报工作, 2019, 63 (6): 64–74.

[154] 康志勇. 政府补贴促进了企业专利质量提升吗?[J]. 科学学研究, 2018, 36(1): 69–80.

[155] COSTAS R, LEEUWEN T, RAAN A. Is Scientific Literature Subject to a "Sell-By-Date"? A General Methodology to Analyze the "Durability" of Scientific Documents[J]. Journal of the American Society for Information Science & Technology, 2010, 61(2): 329–339.

[156] SHARON M, SHARON M. Towards Mass Production of Graphene: Lab to Industry (Scaling Up) [M]. John Wiley & Sons, Inc. 2015.

[157] 张丰, 鲁家欣, 缪小明. 基于专利分析的新能源汽车技术创新合作网络研究 [J]. 世界科技研究与发展, 2019, 41(4): 358–367.

[158] 臧红岩, 陈宝明, 臧红敏. 我国国际科技合作全面融入全球创新网络研究 [J]. 广西社会科学, 2019(9): 62–66.

[159] 尹聪慧, 余翔. 基于专利信息的 CCS 技术创新网络图谱分析 [J]. 技术经济, 2018, 37(5): 64–70, 114.

[160] 刘军. 整体网分析 [M]. 上海: 格致出版社, 2014.

[161] 杨青, 兰逄涛, 何州文, 等. 一种半导电聚烯烃浆料的制备方法:

CN106146995B[P]. 2019/02/22.

[162] 王灿, 贾银娟, 石竹, 等. 合成硫掺杂石墨烯的方法：CN105366663A[P]. 2016/03/02.

[163] 杨添, 季春燕, 田彪, 等. 一种压电发电装置及其制备方法和显示装置：CN105552208A[P]. 2016/05/04.

[164] MCEVILY B, ZAHEER A. Bridging Ties: A Source of Firm Heterogeneity in Competitive Capabilities[J]. Strategic Management Journal, 1999, 20(12): 1133–1156.

[165] 戴勇, 朱桂龙, 刘荣芳. 集群网络结构与技术创新绩效关系研究：吸收能力是中介变量吗？[J]. 科技进步与对策, 2018, 35(9): 16–22.

[166] 佘茂艳, 王元地, 杨雪. 双向创新网络、网络特征及区域创新绩效[J]. 软科学, 2018, 32(11): 59–64.

[167] GUAN J C, ZHANG J J, YAN Y. The Impact of Multilevel Networks on Innovation [J]. Research Policy, 2015, 44(3): 545–559.

[168] YAN Y, GUAN J C. Social Capital, Exploitative and Exploratory Innovations: The Mediating Roles of Ego–Network Dynamics[J]. Technological Forecasting & Social Change, 2018(126): 244–258.

[169] BURT R S. Structure Holes and Good Ideas[J]. American Journal of Sociology, 2004, 110(2): 349–399.

[170] 杨曦, 余翔. 基于生命周期的石墨烯产业技术创新模式探析 [J]. 科研管理, 2020, 41(9): 12–21.

[171] KNOBEN J, OERLEMANS L. Proximity and Inter–Organizational Collaboration: A Literature Review[J]. International Journal of Management Reviews, 2006, 8(2):71–89.

[172] 魏江, 应瑛, 刘洋. 研发活动地理分散性、技术多样性与创新绩效[J]. 科学学研究, 2013, 31(5): 772–779.

[173] 刘凤朝, 楠丁. 地理邻近对企业创新绩效的影响 [J]. 科学学研究, 2018, 36(9): 1708–1715.

[174] BOSCHMA R. Proximity and Innovation: A Critical Assessment[J].

Regional Studies, 2005, 39(1): 61–74.

[175] 夏丽娟, 谢富纪, 王海花. 制度邻近、技术邻近与产学协同创新绩效: 基于产学联合专利数据的研究 [J]. 科学学研究, 2017, 35(5): 782–791.

[176] 苏屹, 安晓丽, 王心焕, 等. 人力资本投入对区域创新绩效的影响研究: 基于知识产权保护制度门限回归 [J]. 科学学研究, 2017, 35(5): 771–781.

[177] 黎文靖, 郑曼妮. 实质性创新还是策略性创新?: 宏观产业政策对微观企业创新的影响 [J]. 经济研究, 2016, 51(4): 60–73.

[178] 贺灿飞, 金璐璐, 刘颖. 多维邻近性对中国出口产品空间演化的影响 [J]. 地理研究, 2017, 36(9): 1613–1626.